EXCHANGE-TRADED DERIVATIVES DESIGN AND RISK MANAGEMENT PRACTICE

交易所产品设计和风险控制实务

张　今◎著

中国财经出版传媒集团
中国财政经济出版社

图书在版编目（CIP）数据

交易所产品设计和风险控制实务／张今著．--北京：中国财政经济出版社，2023.3

ISBN 978-7-5223-1915-5

Ⅰ.①交…　Ⅱ.①张…　Ⅲ.①金融衍生产品-产品设计②金融衍生产品-金融风险防范　Ⅳ.①F830.9

中国国家版本馆CIP数据核字（2023）第025265号

责任编辑：贾延平　　　　责任校对：胡永立
封面设计：陈宇琰　　　　责任印制：刘春年

交易所产品设计和风险控制实务
JIAOYISUO CHANPIN SHEJI HE FENGXIAN KONGZHI SHIWU

中国财政经济出版社 出版
URL：http：//www.cfeph.cn
E-mail：cfeph@cfeph.cn

社址：北京市海淀区阜成路甲28号　邮政编码：100142
营销中心电话：010-88191522　编辑部电话：010-88190957
天猫网店：中国财政经济出版社旗舰店
网址：https：//zgczjjcbs.tmall.com
北京时捷印刷有限公司印刷　各地新华书店经销
成品尺寸：170mm×240mm　16开　13.25印张　180 000字
2023年3月第1版　2023年3月北京第1次印刷
定价：66.00元
ISBN 978-7-5223-1915-5
（图书出现印装问题，本社负责调换，电话：010-88190548）
本社质量投诉电话：010-88190744
打击盗版举报热线：010-88191661　QQ：2242791300

自　序

本书是国内第一本从实践角度介绍金融衍生品交易所如何进行产品设计和风险管理的书。与复杂的结构化产品相比，交易所上市的期货期权合约的结构一般较为简单，但是我国境内的期货交易所均承担中央对手方职能，是重要的金融市场基础设施，因此，交易所在产品设计和风险控制方面需要权衡各类市场参与者的利益，需要考虑的要素众多，且有别于一般金融机构。

其实，我在工作中进行金融衍生品的设计时发现，对于期货和标准化期权这类结构简单的衍生品的设计和风险管理这类工作，很多金融从业者是不太在意的，但是大多数人对其中的细节却一知半解。教科书里的产品估值和风险控制模型基本是对业界实践的简化，只有当你真正从事该项工作时，才知道即使只是设计标准化利率互换和国债期货的压力测试程序，压力场景的选择也是非常复杂的。在使用 VaR 等经典风险计量模型计算保证金时，也需要设计人员深度思考，置信度水平为什么不是越高越好这些问题。

我从事交易所产品设计和风险控制工作已十多年了，但我依然发现工作中始终缺少一本针对衍生品设计和风险控制细节的书。记得当年我从法国的商学院毕业后进入一家衍生品交易所，第一项工作是设计利率互换和场外期权风险管理框架，包括设计保证金模型和压力测试。2008 年全球金融危机后，为防范衍生品引发系统性风险，二十国集团（G20）成员国在2009年匹兹堡峰会上达成共识，所有标准化场外衍生品必须通过中央对手方集中清算，境内交易所也因此计划开展场外衍生品业务。我对利率互换和期权并不陌生，更何况是标准化的利率互换和期权，但当我开始这项工作时，却遇到了一系列问题。我找遍了金融专业的教材，也没有得到想要的答案。金融业界关于交易所合约设计的研究并不多，大部分金融学教材关于衍生品保证金和结算担保金的内容也不多。基于此，我便开始边研究、边学习、边整理、边积累。

可以说，本书是专为金融监管机构从业人员、交易所从业人员和金融机构的风控人员撰写的，但是所有有志向从事衍生品行业的人都可以从本书中获益，因为本书可以帮助读者了解交易所产品设计的基本思路和风险控制措施的设计逻辑，使他们更好地进行金融衍生品交易并进行风险管理。本书也可以帮助金融学专业的学生了解业界实际使用的VaR、ES、压力测试等风控模型和模型回测方法。与境外的教材相比，本书的特点在于在介绍国际标准和最优实践的同时，对境内金融行业的实际做法也进行了详细解读。

另外，对于不从事风险控制的金融行业从业者来说，阅读本书可了解风险控制细节，有利于理解产品精髓，思考自己的交易行为，加强风险管理能力，使他们即使在市场危机时期也有获利的机会。

我希望本书能成为金融行业的工具书，可以帮助更多的金融行业从业者或者学生，使他们能了解交易所，了解产品设计以及风险控制，在工作中更得心应手。

张今

2023年1月

目　　录

第一章

衍生品交易所主要职能

和 2008 年全球金融危机前相比，当今的衍生品市场和交易所行业发生了很大变化，场外衍生品和场内衍生品之间的界限在逐渐模糊，使交易所的职能出现了变化。一方面，利率互换（Interest Rate Swap，简称 IRS）和信用违约互换（Credit Default Swap，简称 CDS）等场外衍生品变得更加标准化，并且开始在电子交易平台上交易，进行了集中清算。即使是不能被标准化的场外衍生品，也需要向交易报告库（Trade Repository，简称 TR）报告，并进行双边清算，呈现出场外产品场内化的趋势。另一方面，传统交易所参股场外衍生品交易平台，并开展场外衍生品集中清算业务。现代衍生品交易所不再只承担交易执行场所的职能，而是参与衍生品交易生命周期的各个环节。

第一节 交易所与中央对手方

一、交易所与清算所

现代金融衍生品市场中典型的价值链由交易（Trading）、清算（Clearing）和结算（Settlement）构成。交易是指交易双方对交易条款达成一致，结算意味着交易的权利和义务通过货币和资产交换的形式得到了释放，而清算则是指发生在这两者之间的一切程序，包括计算持仓的每日盯市价值、计算并收取初始保证金等程序。我国衍生品市场中的结算，实际上包含清算和结算两层含义。

从狭义上讲，交易所承担展示报价和提供交易执行场所的职责，而清算和结算属于交易后处理环节，这部分职责由清算所承担。

从全球范围来看，业务仅限于提供交易场所的衍生品交易所非常少，大部分交易所都内设清算部门，提供清算和结算服务。例如，我国的6家期货交易所①均内设结算部。综合型交易所不仅为金融衍生品提供交易场所，也为交易提供清算服务，承担交易后风险管理职责。我国境内的市场实践也默认期货交易所需要承担清算所的职能。《期货交易管理条例》② 将集中清算职能归为期货交易所的职责，就是对我国境内期货市场交易和清算紧密结合现状的总结。《期货和衍生品法》③ 于2022年8月1日开始施行，对期货交易场所和期货结算机构分别进行

① 截至2022年，我国境内经中国证监会批准设立的期货交易所共有6家，分别是上海期货交易所、郑州商品交易所、大连商品交易所、中国金融期货交易所、上海国际能源交易中心和广州期货交易所。

② 详见《期货交易管理条例》（2017年3月1日第四次修订）第十条。

③ 详见《期货和衍生品法》第六章（期货交易场所）和第七章（期货结算机构）。

了规定，在法律层面对交易所和清算所进行了区分。但由于目前我国期货交易所均承担清算职责，本书也默认交易所承担清算职责。

为了避免让人产生混淆，我们有必要解释一下交易所和清算所这两类金融市场设施的分工。狭义层面，交易所的职责是提供交易场所并组织交易，主要工作包括交易会员的准入和管理、中央订单簿的管理、持仓限额的管理、每日结算价格的确定等。清算所的职责是交易达成后的风险控制和违约处理，负责结算会员的准入和管理、保证金计算和追缴、交割和违约处理等。从对市场整体安全性的影响上看，仅提供交易执行场所的交易所没有清算所重要，清算所由于承担中央对手方职责，具有较高的风险敞口，通常被认为是所在市场的系统性重要金融设施（Systemically Important Financial Utility，简称 SIFU）。虽然各国对 SIFU 的认定标准并不相同，但是根据金融稳定委员会（Financial Stability Board，简称 FSB）[①] 的标准，交易设施一般不被认为是 SIFU，主要原因是没有中央对手方职能的交易所的风险敞口较低，不满足 SIFU 的认定标准。比如，美国金融稳定监督委员会（Financial Stability Oversight Council，简称 FSOC）没有将纽约证券交易所（NYSE）、芝加哥期权交易所（CBOE）等交易所指定为 SIFU，而芝加哥商业交易所（CME）因为具有中央对手方职能，所以被 FSOC 认定为 SIFU。但是，上海证券交易所、深圳证券交易所是否是系统性重要金融设施存在争议，我国的监管实践一般认为这两家证券交易所是系统性重要金融设施。

二、中央对手方的概念与金融市场基础设施原则

（一）中央对手方概述

衍生品行业中，中央对手方（Central Counterparty，简称 CCP）的

① FSB 是为促进金融系统稳定而成立的国际合作组织，其成员包括 G20 国家的央行、财政部与金融监管机构。

概念是比较重要的，只有理解了这个概念，才能理解为何承担清算职能的交易所的风险管理对整个金融市场都至关重要。中央对手方和集中清算（Central Cleaing）这两个概念总是成对出现——承担衍生品集中清算职责的机构是衍生品交易的中央对手方。清算所或具有清算职能的交易所通常承担中央对手方职责，因此衍生品行业通常用中央对手方来指代清算所或具有清算职能的交易所。根据国际清算银行（Bank for International Settlements，简称 BIS）和国际证监会组织（International Organization of Securities Commissions，简称 IOSCO）的定义①，“中央对手方是指将自身介入一个或多个金融市场所交易合约的交易对手方中间，成为每一个卖方的买方和每一个买方的卖方，从而确保未平仓合约的履行”。中央对手方通过约务更替（Novation）、公开报价系统，或具有法律约束力的类似安排成为市场参与人的交易对手方。简单来说，进入清算环节后，中央对手方会介入交易双方，使所有人的交易对手方都是中央对手方，这一过程被称为“约务更替”。约务更替后，即使原来的交易对手发生违约，但由于中央对手方的存在，未违约一方的衍生品合约可以继续延续，不受原交易对手的影响。图 1－1 对比了非集中清算市场和集中清算市场中参与者的关系。

图 1－1 中左图是一个典型的非集中清算市场，市场中有 6 个交易者，交易者 A 的交易对手方是 B，B 的交易对手方是 C，这两笔交易分别由交易双方两两进行双边清算。图 1－1 中右图是采用集中清算的市场，正中心的圆点代表中央对手方，市场中 6 个交易者的对手方都变成了中央对手方。从非集中清算过渡到集中清算的优势显而易见——集中清算可以大幅降低衍生品交易对手方的信用风险，并且避免市场发生系统性风险。

在图 1－1 的左图中，由于市场不存在中央对手方，交易者 A 是 B

① 参见 CPSS－IOSCO，April 2012，“Principles for financial market infrastructures”，p. 8，原文为 A central counterparty interposes itself between counterparties to contracts traded in one or more financial markets，becoming the buyer to every seller and the seller to every buyer and thereby ensuring the performance of open contracts。

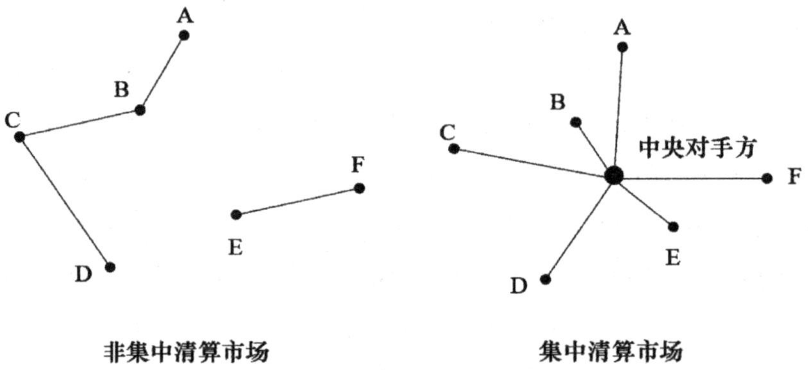

图 1-1 非集中清算和集中清算的对比

的交易对手方，如果 A 违约，则 B 无法获得收益，可能会引起连锁反应：B 因为无法获得收益而无法向 C 履约，C 也因此无法向 D 履约。由于 A 一方的信用问题，造成了市场上 3 笔交易发生违约。这就是 2008 年金融危机中发生的真实情况。当时，以信用违约互换为代表的场外衍生品并没有大规模进行集中清算，因此，当一家金融机构因流动性不足发生违约时，信用风险在市场内扩散，导致大批场外衍生品交易发生违约，最终引发了全球性金融危机。

中央对手方的存在可以阻止信用风险在市场内扩散，因为所有人的交易对手都是中央对手方。在图 1-1 的右图中，在采用集中清算的市场里，如果 A 违约，中央对手方会有专门的财务资源弥补因 A 违约造成损失，并将继续履行和 B 的交易，A 违约的影响就止步于此，不会进一步造成系统性风险事件。概括来说，中央对手方通过交易的多边净额轧差（Netting）和有效的风险控制措施，大幅降低了参与人面临的对手方的信用风险。中央对手方会要求参与人提供担保品（以初始保证金和结算担保金的形式），覆盖当前和潜在的风险敞口。中央对手方还会通过设置风险准备金[①]的方式和市场参与者共同分担风险，因此，中

① 风险准备金是违约瀑布序列的一部分，是由中央对手方自有资金构成的财务储备，用于弥补会员违约导致的损失，境内期货交易所称该类财务资源为风险准备金，境外不同中央对手方对它的称呼不同。

央对手方是金融市场里重要的基础设施，可以有效防范系统性风险。

虽然中央对手方职责通常由清算所承担，但当某项清算业务的风险过高，超过了清算所的风险控制能力时，清算所为了不影响其他集中清算业务的安全性，也可能选择不承担中央对手方职责。上海清算所在2017年5月推出了信用违约互换非标准化合约的清算服务，该清算服务就仅属于双边逐笔清算，上海清算所并不承担中央对手方职责。判断交易所或者清算所对衍生品交易是否承担中央对手方职责，主要看违约发生后交易所或清算所承担的义务——如果交易者违约后，交易所或清算所有责任继续替代违约的交易者完成剩余的合约义务，弥补违约损失，那么这个交易所或清算所就是承担了中央对手方职责。换句话说，如果违约发生后，违约造成的损失需要由未违约方承担，那么这个交易实际上是采用双边清算，中央对手方未介入双方的交易。

（二）金融市场基础设施原则

集中清算之后，市场上的风险汇聚到了中央对手方，因此中央对手方对金融市场的安全性与稳定性至关重要。如果中央对手方本身的风险控制制度存在缺陷，或者财务资源不足，那么中央对手方可能不仅不能降低风险，反而会增加市场出现系统性风险的可能性，因此有必要出台标准来规范金融市场基础设施的风险控制制度。2012年，在汲取金融危机的教训，吸收现有市场基础设施国际标准执行经验的基础上，国际清算银行的支付结算体系委员会（Committee on Payment and Settlement Systems，简称CPSS）和国际证监会组织（International Organization of Securities Commissions，简称IOSCO）联合发布了《金融市场基础设施原则》（Principles for Financial Market Infrastructures，以下简称PFMI），PFMI强调全面风险管理，提高了各类金融市场基础设施安全高效运行的最低标准，是对中央对手方等金融市场基础设施风险管理经验的全面总结。

PFMI的规范对象不仅是中央对手方，它对支付系统（Payment System)、中央证券存管（Central Securities Depository)、证券结算系统(Securities Settlement System)、中央对手方（Central Counterparty）和交易数据库（Trade Repository）共五类金融市场基础设施的运行原则进行了规范。如表1－1所示，PFMI由24条原则组成，从法律风险、信用风险、流动性风险、一般业务风险、托管风险、投资风险和运行风险共七类风险的角度规范了金融市场基础设施的风险管理标准，可以说，PFMI是金融市场基础设施行业的风险管理基石。

表1－1　《金融市场基础设施原则》的主要内容

项目	内容
总体框架	原则1：法律基础
	原则2：治理
	原则3：全面风险管理框架
信用风险和流动性风险的管理	原则4：信用风险
	原则5：抵押品①
	原则6：保证金
	原则7：流动性风险
结算	原则8：结算最终性
	原则9：货币结算
	原则10：实物交割
中央证券存管和价值交换结算系统	原则11：中央证券存管
	原则12：价值交换结算系统
违约管理	原则13：参与者违约规则与程序
	原则14：分离与转移
一般业务风险和运行风险的管理	原则15：一般业务风险
	原则16：托管风险与投资风险
	原则17：运行风险

① 中国人民银行支付结算司发布的《金融市场基础设施原则（PFMI)》中文版中将原则五中的“collateral”翻译成了“抵押品”。但根据我国《民法典》，股票、债券等有价证券不能作为抵押权的标的物，而是作为质权的标的物，因此股票、债券是抵押品的说法容易令人误解，所以目前境内期货行业统一的说法是“担保品”，但是由于央行发布的PFMI文件中使用了“抵押品”一词，所以此处保留“抵押品”的说法。本书的其他章节使用“担保品”的说法。

续表

项目	内容
准入	原则 18：准入与参与要求
	原则 19：分级参与安排
	原则 20：金融市场基础设施的连接
效率	原则 21：效率与效益
	原则 22：通信程序与标准
透明度	原则 23：规则、关键程序和市场数据的披露
	原则 24：交易数据库市场数据的披露

在实践层面上，金融行业通常在以下方面应用 PFMI：

一是金融市场设施每年都需要按照 PFMI 进行自评估，查漏补缺。我国金融市场基础设施的“PFMI 遵循情况自评估”自 2014 年正式开始。中国证监会监管的期货交易所均是中央对手方，需要每年对交易所遵循 PFMI 情况进行自评估。中国金融期货交易所、上海期货交易所、上海国际能源交易中心、大连商品交易所和郑州商品交易所 5 家交易所每年均在各自官网披露评估结果。广州期货交易所虽然也有清算职能，但由于设立时间较晚，并且截至 2022 年 6 月尚未上市期货产品，因此暂没有发布自评估报告。

二是金融机构在决定成为一家交易所或者清算所的结算会员之前，应该基于 PFMI 对相关金融市场基础设施进行尽职调查。PFMI 是较为完善的风险控制评估框架，涵盖了金融市场基础设施的主要风险类型。金融市场基础设施的 PFMI 披露包括原则遵循情况的描述性披露和量化数据的披露。以境内期货交易所的披露报告为例，披露报告包括测算保证金、压力测试时使用的数据和假设，是市场参与者和监管者了解交易所风险管理框架和安全性的重要途径。

需要特别说明的是，虽然 PFMI 是衍生品行业公认的行业标准，但 PFMI 是对金融市场基础设施风险管理标准的宽泛的原则性的规定，不是技术标准。PFMI 只设置原则性规定是为了适应不同地区金融市场基础设施的差异。可以这么理解，PFMI 规定的只是最低要求，各国的监管机构可以在 PFMI 基础上设置要求更高的本国监管标准。PFMI 的目的只是确保不同地区和不同金融市场基础设施之间拥有一个共同的风险管理基准，鼓励金融基础设施之间公平竞争，避免单一金融市场基础设施为了吸引客户而盲目降低风控标准，避免监管套利。

三、成为合格中央对手方的条件

在实践层面，交易所和交易者除了应了解“中央对手方”概念外，还需要了解“合格中央对手方（Qualifying Central Counterparty，简称 QCCP）”，因为从参与成本和业务安全性的角度考虑，交易者应该优先选择“合格中央对手方”，每家中央对手方都应该争取成为合格中央对手方。

（一）合格中央对手方概述

为了强化《金融市场基础设施原则》的约束力，国际清算银行下属的巴塞尔银行监管委员会（Basel Committee on Banking Supervision）提出了合格中央对手方的概念。该概念在《银行对中央对手方风险敞口的资本金要求》（以下简称《要求》）① 的初稿中被首次提出。《要求》中规定银行可以以较低的风险权重计算自身对 QCCP 的交易风险敞口和违约担保金②的风险敞口。简单来说，如果银行选择合格中央对手方进行集中清算，那么资本金要求将会小于银行选择非合格中央对手方进行集中清算和双边清算。

---

① 该要求是 Basel Ⅲ的一部分。

② 《要求》所称的违约担保金（Default Fund）是由结算会员共同交纳，用于违约发生后弥补违约损失的财务资源。在我国期货市场，违约担保金被称为结算担保金，后续章节会对该概念进行具体说明。

《要求》最终稿在2014年4月发布①，最终稿将合格中央对手方定义为："监管机构批准该实体作为中央对手方运营，并且管辖该中央对手方的监管机构已经建立了符合《金融市场基础设施原则》的法规，并公开表示会持续不断地以该法规监管该中央对手方。如果中央对手方所在法律管辖地的监管者没有对该中央对手方应用《市场基础设施原则》，那么银行业的监管者可以决定该中央对手方是不是符合要求。"

上述定义较长，但是可以看出，QCCP和《金融市场基础设施原则》紧密相关。这种紧密相关并非偶然，《金融市场基础设施原则》由国际清算银行（BIS）和国际证监会组织（IOSCO）提出，而QCCP是BIS下属巴塞尔银行监管委员会发布的《要求》提出的概念。《要求》是为了加强《金融市场基础设施原则》的实施，强化其市场约束力而被配套提出的。因此，各国对QCCP资格的认证均以《金融市场基础设施原则》为指导思想，从《要求》对QCCP的定义可以看出，监管机构管辖QCCP的法律应该和《金融市场基础设施原则》一致。从欧美的实践来看，不论是美国商品期货交易委员会（Commodity Futures Trading Commission，简称CFTC）对衍生品清算组织（Derivatives Clearing Organizations，简称DCO）②设置的申请标准，还是欧洲证券和市场管理局（European Securities And Markets Authority，简称ESMA）的中央对手方标准，它们都和《金融市场基础设施原则》相呼应。

在业务操作层面，巴塞尔委员会给出的QCCP定义较为宽泛，银行等市场机构需要一个更明确的标准来判断一家中央对手方到底是不是QCCP。因此，在《要求》发布后，巴塞尔委员会又对定义进行了解释："如果中央对手方的监管机构针对合格对手方状态发表了声明（是

---

① 详见国际清算银行巴塞尔银行监管委员会于2014年4月发布的"Capital Requirements for Bank Exposures to Central Counterparties"最终稿，该规则对Basel Ⅲ的附件4进行了修改。最终稿的生效日期为2017年1月1日。

② DCO是在美国中央对手方的业务牌照，向美国客户提供清算服务需要申请该资格，或是申请业务豁免。

否为合格中央对手方)，那么银行应该据此判断该中央对手方的合格对手方状态，否则，银行应该根据《要求》中的定义判断中央对手方是否是合格中央对手方。2013 年之后，如果中央对手方的监管机构没有落实《金融市场基础设施原则》，银行应该向银行监管机构提供中央对手方是否符合合格中央对手方标准的评估。评估主要考虑的要素是监管该中央对手方的法律法规和《金融市场基础设施原则》的一致性①”。当然，即使已经被宣布为 QCCP，但如果该中央对手方没有按照要求公布用于计算“违约担保金风险敞口的资本要求”的相关参数，该中央对手方就会丧失 QCCP 资格。

按照最终版的定义和巴塞尔委员会对 QCCP 定义的解释，三种情况下，中央对手方可以被认为是合格中央对手方。

情况一：中央对手方的监管机构公开宣布一家中央对手方是 QCCP。

情况二：监管机构未对中央对手方是否是 QCCP 公开做出判断，但是监管该中央对手方的监管机构建立了和《金融市场基础设施原则》一致的法规，并且持续地以该规则监管中央对手方业务，且该家中央对手方具有业务运营牌照。

情况三：中央对手方的监管机构未对中央对手方是否是 QCCP 公开做出判断，监管机构也未应用和《金融市场基础设施原则》一致的法规监管中央对手方，但银行业的监管机构认为该中央对手方满足《要求》中对 QCCP 的定义。

在实践中，通过第一种情况被认定为 QCCP 的最为常见。比如，2014 年 1 月 1 日，印度储备银行发布声明承认印度清算有限公司（Clearing Corporation of India Limited，简称 CCIL）的 QCCP 地位。我国也是通过监管机构认定的方式实现 QCCP 认定的，采用谁监管谁认定的原则。上海清算所作为银行间市场的中央对手方，受中国人民银行监

① 参考 Basel Ⅲ counterparty credit risk and exposures to central counterparties – Frequently asked questions.

管，由中国人民银行认定上海清算所 QCCP 的地位。中国人民银行在 2014 年 1 月发布通知[①]宣布上海清算所为 QCCP。我国境内期货交易所均受中国证券监督管理委员会（以下简称“中国证监会”）监管，因此中国证监会有权宣布谁具有 QCCP 地位。2019 年 1 月，中国证监会分别批复了所监管的 5 家期货交易所——上海期货交易所、上海国际能源交易中心、大连商品交易所、郑州商品交易所和中国金融期货交易所的合格中央对手方地位。

（二）成为合格中央对手方的优势

以芝加哥商业交易所（CME）和伦敦清算所（LCH）为代表的国际主要中央对手方不仅在本国获得了 QCCP 认定，还在其他国家和地区具有 QCCP 资格，中央对手方之所以热衷于获得 QCCP 认定，是因为该认定有两方面的作用。

第一，成为 QCCP 能够降低衍生品交易过程中银行的资本金要求，因此可以吸引银行客户的参与。银行参与中央对手方清算，需要分别计提对手方信用风险资本与违约担保金风险资本，以覆盖对手方风险敞口与违约担保金风险敞口。具体而言，银行计算对 QCCP 的对手方风险时，可自由选择内部模型法（Internal Model Method，简称 IMM）、现期风险敞口法（Current Exposure Method，简称 CEM）或者标准化方法（Standardized Method，简称 SM）三种方法，并采用 2% 的风险权重系数，从而使用较低的计算结果降低资本占用。此外，银行也不需要额外计提信用估值调整[②]（Credit Value Adjustment，简称 CVA）。但银行计算对非合格中央对手方的对手方风险时，必须采用标准化方法计算风险权重系数。根据官方指引，该风险权重系数通常高于 4%。而银行在对

① 详见《关于建立场外金融衍生产品集中清算机制及开展人民币利率互换集中清算业务有关事宜的通知》。

② 信用估值调整（CVA），是指交易对手信用状况恶化以及信用利差扩大导致商业银行衍生工具交易发生损失的风险。

QCCP 计提违约担保金的风险资本时，可以选择使用比率法或分级法确定风险权重系数，两种方法中，比率法直接采用 1250% 的风险权重系数，并以对中央对手方违约敞口（Exposure - at - defaul，简称 EAD）的 20% 为上限，分级法则是根据风险敏感度方程确定违约担保金应采用的风险权重系数，由于可以自由选择风险权重系数，银行可以选用较低的计算结果降低资本占用。但银行计提对非合格中央对手方担保基金风险资本时，必须直接采用 1250% 的风险权重系数，而无其他选择或调整。

我国也落实了该项要求，原中国银行业监督管理委员会①于 2013 年 7 月出台的《银行对中央对手方风险暴露的资本金要求》规定，我国的银行可以以较低的参数计算银行对 QCCP 的交易风险敞口和违约担保金风险敞口。

第二，成为 QCCP，标志着该中央对手方符合国际通行标准，有利于被行业承认。对于具有清算职能的交易所来说，获得 QCCP 资格，可以吸引更多客户，当客户在 QCCP 和非 QCCP 之间选择时，客户显然更愿意在 QCCP 进行衍生品交易。

（三）获得合格中央对手方认定的途径

作为一个国际组织，巴塞尔委员会给出了 QCCP 的定义，但是在实际操作上，认定 QCCP 还是一个国家层面的概念，因为 QCCP 资格不是由巴塞尔委员会认定，而是由各国具体的行业监管机构认定的，并且一国认定的 QCCP 不一定是另一国的 QCCP。如同交易所运营牌照一样，国际范围内没有统一的 QCCP 的资格认证流程和认证机构。换句话说，在本国成为 QCCP 不意味着拥有一张全球通行的清算业务准入证，因为 QCCP 的认定是由本国监管机构完成的。

---

① 2018 年 3 月 13 日，中国银行业监督管理委员会和中国保险监督管理委员会合并为中国银行保险监督管理委员会。

中国境内合格中央对手方的判断依据是中国银保监会《中央交易对手风险暴露资本计量规则》[①]（以下简称《规则》）。该规则于2013年7月发布，对合格中央对手方进行了定义。该定义基本上是巴塞尔委员会提出的《要求》2012年初稿的中文翻译版本。按照该《规则》，由中央对手方的监管机构认定合格中央对手方的资格，而且合格中央对手方应有能力计算违约基金风险敞口的资本要求，至少每季度都要更新上述数据及计算结果，并与结算会员和监管部门分享计算结果。在实际执行该规则时，如前文所述，我国采用谁监管谁认定原则，分别由中国人民银行和中国证监会认定它们监管的中央对手方的QCCP资格。截至目前，除了尚未开展业务的广州期货交易所外，其他境内期货交易所均已获得中国证监会的QCCP认定。

但是，在当前金融市场国际化的环境下，仅仅获得我国境内监管机构的QCCP认定是不够的。当我国的合格中央对手方的业务遍布全球时，其显然还需要被其客户所在国的监管机构认定为合格中央对手方，因为如果该客户所在国的监管机构不认可中央对手方的合格中央对手方地位，客户依然不能用较低的标准计提资本金。一个非常实际的问题是，截至2022年，我国境内尚没有中央对手方获得美国监管机构和欧盟监管机构的QCCP认定，注册地在美国和欧盟的银行在计提参与境内衍生品业务的资本金时，需要自行判断是否可以以较低标准计提资本金。虽然获得其他监管辖区的QCCP认定的好处显而易见，但QCCP的跨国认定面临两国监管机构之间的协调问题，因此，在实际操作层面有较大的实施难度。具体来说，境内的清算所和期货交易所并不能直接向境外监管机构递交QCCP认证的申请材料，因为境内中央对手方获得境外认证的重要前提是两地监管机构的监管互认。一旦监管机构之间实现了监管互认，境内的中央对手方才能向境外监管机构提交业务运营资格

① 该文件是《中国银监会关于印发商业银行资本监管配套政策文件的通知》的附件1，属于中国版Basel Ⅲ的配套政策。

申请和QCCP认证的申请材料，而两地监管机构互认通常要经过漫长的沟通过程。

第二节　交易所清算业务组织方式——内设结算部和独立清算所

交易所的清算业务组织方式通常是监管者和交易所管理者关注的问题，但是这不意味着一般的市场参与者可以忽视该问题。交易者在参与一家交易所的业务前，也应该了解该交易所如何组织其清算业务，因为内设结算部和使用外部清算所的交易所的业务效率、参与成本和风险水平都是不同的。

我国期货交易所和证券交易所在清算业务的组织方式上选择了两种不同的结构——境内期货交易所均由内设的结算部负责结算，而证券交易所则是请外部结算公司负责结算。这代表了目前交易所行业两种清算业务组织方式——清算业务垂直整合和清算业务水平整合。衍生品交易所选择清算业务组织结构不仅需要考虑清算成本、金融创新和市场监管等因素，更重要的是必须充分发挥中央对手方清算化解系统性风险的功能，实现提升市场安全性的初衷。

一、清算业务的垂直整合与水平整合

按照提供清算服务的机构和交易所的隶属关系，可以将交易所的清算业务组织方式分为两类（见图1-2），一种由外部独立清算所为交易所提供清算服务，行业内将这种业务组织方式称为清算业务水平整合；另一种由内设的部门，或者同一集团内的子公司为其提供清算服务，行业内称为清算业务垂直整合。

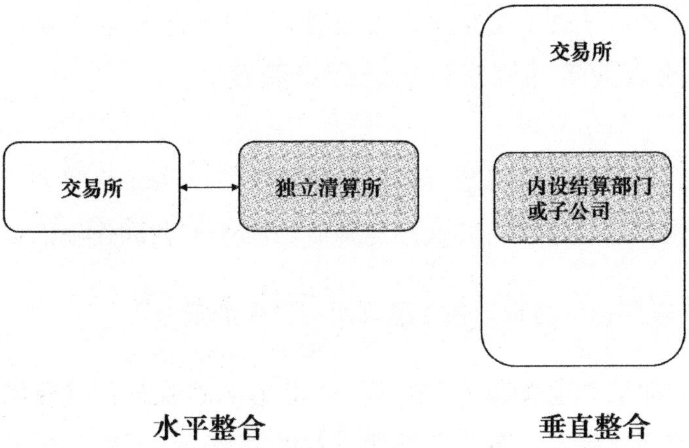

图 1-2 交易所清算业务整合方式

垂直整合是目前衍生品交易所行业主流的清算业务组织形式，如果交易所选择垂直整合清算业务，交易所集团内部设立清算所或结算部，交易所提供从交易到清算交割的完整服务。我国的期货交易所全部采用垂直整合方式。纵观全球，芝加哥商业交易所集团、洲际交易所集团、德意志交易所集团等行业代表性的交易所集团均采取了垂直整合的清算业务组织结构。仅提供交易服务的交易所越来越少，但也有少数小型交易所因为风险管理能力不足等因素，选择外部独立清算所为自己提供清算服务。

水平整合方式下，清算所与交易所是相互独立的机构，此类中央对手方也被称为独立清算所。独立清算所在组织机构、财务体系、运行制度等各方面都保持与交易所的独立。目前较大的清算所中，只有美国期权清算公司（Options Clearing Corporation，简称 OCC）可以严格地被称为独立清算所。该中央对手方为包括芝加哥期权交易所（Chicago Board Options Exchange，简称 CBOE）在内的多家期权交易所提供清算服务，其他大型清算所目前都属于交易所集团的一部分。曾经最具代表性的独立清算所——伦敦清算所（LCH. Clearnet）已于 2013 年 5 月成为伦敦证券交易所集团下属控股子公司。

二、清算业务的组织方式的历史演变

当前，交易所行业已形成泾渭分明的清算业务垂直整合与水平整合的组织结构，这是市场自发选择与监管机构引导共同作用而成的结果。

（一）美国衍生品市场独立清算所的发展沿革

中央对手方概念的雏形出现于19世纪末的欧洲，但现代衍生品市场的中央对手方清算所诞生于美国，并随着20世纪70年代美国金融期货市场的兴起被推广到全球金融市场。

1. 早期的独立清算所主导时代

美国衍生品市场的中央对手方清算雏形可追溯至19世纪80年代的明尼阿波利斯清算协会（Minneapolis Clearing Association）的成立。美国市场最早确立了中央对手方应作为“每一个买方的卖方”和“每一个卖方的买方”承接交易对手权利义务的核心思想，并首次建立强制性缴纳保证金的风险管理制度。1925年，芝加哥期货交易所（Chicago Board of Trade，简称CBOT）[①] 会员共同认购设立的芝加哥期货交易所清算公司（Board of Trade Clearing Corporation，简称BOTCC），成为当时具有代表性的独立清算所。后来，该清算所建立了完善的结算担保金制度。很长一段时间内，中央对手方仅服务于商品期货市场，所以独立清算所成为当时的主流清算模式。

在同一时期，芝加哥商业交易所（Chicago Mercantile Exchange，简称CME）另辟蹊径，选择将清算部门划入公司内部，通过垂直清算结构建立了完善的保证金、结算担保金及违约瀑布序列[②]制度，并据此在

① 目前，CBOT已经被芝加哥商业交易所集团（CME Group）收购，成为芝加哥下属的交易所之一。

② 违约瀑布序列，是指作为中央对手方的交易所拥有的保障性财务资源及财务资源在处理违约事件时的使用顺序。

交易所行业竞争中脱颖而出，吸收合并了多家期货交易所，成长为具有代表性的全球大型交易所集团。

2. 金融创新促进了清算组织形式向垂直整合转变

20 世纪 70 年代，随着布雷顿森林体系的崩溃，利率水平波动加剧，外汇期货、利率期货等现代金融衍生品的出现助推了垂直清算业务组织模式的普及，独立清算所日渐式微。20 世纪末金融期货逐渐推广到全球市场后，以 CME 为代表的交易所内设清算部的业务模式成为全球期货市场的标准样本。

清算业务垂直整合的崛起首先源于交易所促进金融创新、保护自有产品设计的动机。CME 自建立以来就选择了内设清算部的方式，主要原因是这种方式有利于创新。20 世纪 70 年代，CME 推出的外汇期货、利率期货等划时代的金融期货，都需要交易前后端协调才能被市场接受。简单来说，垂直清算业务组织模式更便于交易所设计新产品并保护其知识产权。

其次，内设结算部门具有更为高效的治理效率。在金融期货创新日渐频繁的 20 世纪末，与独立清算所相比，内设结算部的业务组织模式能够使交易所更迅速地做出正确的战略决定。具体来说，该模式有助于交易所更迅速地将新产品以完善的交易规则及风控体系推向市场，因为独立清算所通常同时为多个交易所提供服务，不得不权衡考虑多个交易所的优先顺序及各类交易群体，这样对金融市场的发展就形成了掣肘。

3. 监管干预下诞生的独立清算所

1973 年，芝加哥期权交易所（CBOE）上市标准化期权是金融衍生品市场划时代事件，CBOE 在建立之初也采取了垂直清算组织模式，其子公司 CBOE 清算公司是美国期权清算公司（OCC）的前身。然而，美国证券交易委员会（SEC）作为期权市场的监管者，认为证券现货市场使用统一的清算所清算能够显著降低行业成本。1975 年发布的《证券法修正案》（Securities Act Amendments）为鼓励交易所间竞争，要求证券及期权交易由独立清算所处理。但此时商品期货市场由内设部门负责清算的业务模式已经运行多年，并成为促进金融创新的重要机制，因而，作为商品期货市场监管者的商品期货交易委员会（CFTC）未对各家衍生品交易所的清算业务模式进行干预。

《证券法修正案》的监管要求发布后，美国期权清算公司成为美国证券交易委员会认可的唯一一家为期权提供清算服务的中央对手方，其规模效应为推动期权市场的标准化、降低期权交易成本打下了基础，取得了先发优势，占据了美国期权市场独立清算所的垄断性地位。2000年9月，美国司法部针对美国期权市场发布了反垄断意见一致法令[①]，禁止期权市场的反竞争行为，使各期权交易所的期权品种逐渐趋同，因此各家期权交易所统一使用美国期权清算公司清算的效率就更高了，导致各家交易所失去了内设清算部的动机。总之，美国期权清算公司作为全球大型清算所中现存的唯一一家独立于交易所的清算所，美国期权清算公司其能继续保持独立地位，是受一定的历史背景和监管干预影响的。

（二）欧洲独立清算所计划

欧洲衍生品市场在20世纪80年代引入金融期货后，才正式将中央对手方清算作为期货清算的标准模式。CME在美国期货市场的大获成功使大部分欧洲新设期货交易所采用了垂直清算业务组织模式。尽管目前垂直清算业务组织模式在全球清算行业中占据主导地位，但独立清算所因清算成本较低、可实现规模效应等优势依然在业界受到一些支持者的拥护。随着金融市场的发展与欧洲一体化的逐步推进，独立清算所的支持者提出，应建立欧洲市场的单一清算所，为欧洲所有的交易所服务。

1. 欧洲统一清算所概念的提出

随着欧盟金融市场的日渐融合，2000年，欧洲证券论坛（European Security Forum）[②] 首次提出了单一泛欧洲中央对手方的宏伟蓝图，并计划于2001年建成单一泛欧清算所，在初期引入股票现货统一清算，之

① 1998年，AMEX、CBOE、PLX、PSX四家期权交易所被指共谋限制竞争，拒绝推出在其他交易所上市股票期权。1998年至1999年，美国司法部对此展开调查。

② 由金融机构构成的游说团体。

后逐步完成债券现货及衍生品清算的整合。为了支持建立欧洲统一清算所，欧洲证券论坛援引了美国证券交易委员会于1975年发布的清算结算研究报告①。报告显示63家经纪商可能因为建立国家层面的统一清算体系合计节省1.5亿美元的运营成本，折算至2000年则高达4.75亿美元。美国7家中央对手方的财报也显示，7家中央对手方中与清算规模有关的可变成本占全部成本的比例不足5%，中央对手方的清算业务成本主要由固定成本构成，而建立统一清算所可以节省因为建立多家清算所而付出的固定成本。欧洲证券论坛据此称，建立单一泛欧清算所将有效降低各类市场参与者的成本，化解长期割裂的欧洲市场困局。但欧洲证券论坛报告中的成本分析证据全部来自美国现货股票市场的论证，缺乏对衍生品市场采用水平整合清算模式合理性的分析。

基于对独立清算所可以降低会员参与成本的固有观念，欧洲证券论坛提出的单一泛欧独立清算所方案得到了市场参与者的广泛支持。其中，大型投资银行对此反响最为热烈。这些大型银行在多家交易所都具有会员资格，因此非常认可提供多币种、多产品清算服务的单一欧洲中央对手方概念，明确表明支持成立脱离交易所控制的营利性清算机构。

2. 未及预期的伦敦清算所合并

随着欧洲著名清算所伦敦清算所（LCH）与Clearnet自2000年启动的合并计划渐入佳境，欧洲证券论坛提出的建立单一清算所计划黯然失色。2003年，在Clearnet大股东Euronext承诺放弃合并后的LCH.Clearnet部分股权后，伦敦清算所的会员最终同意了两家清算机构合并。由于欧洲证券论坛对单一清算所计划推进不力，大型投行转而将LCH与Clearnet的合并视为推动欧洲单一清算所建立的契机，认为该合并项目将在欧洲中央对手方整合中发挥催化作用。

然而，这一合并未能发挥预想中的作用，双方合并后面临流程合

① SEC, April 1975, "An Analysis of the Current Costs of Clearing and Settling Securities Transactions and Cost Implications of the Development of a Unified National System".

并、技术整合、产品市场融合等多个层面的问题，严重拖慢了整合进度，产生了高昂的协调成本，直到 2007 年才完成运营业务的整合，而 2003 年公布的初始计划在业务整合后仍未得到完全实施。大量会员、客户、交易所等市场参与者对两家清算所的合并做出负面评价①。

3. 欧洲统一清算所计划最终被搁置

尽管 LCH. Clearnet、伦敦投资银行协会（London Investment Banking Association，简称 LIBA）、德意志交易所等市场机构拥护建立欧洲单一清算所，但业界在如何建立欧洲单一清算所及其业务范围等方面不能达成一致：业界一度出现了“合并 Eurex 清算所与 LCH. Clearnet”“成立全新清算所”“将所有欧洲清算所整合至单一共同控股公司下”等多种思路，并希望清算范围由股票最终延伸至衍生品。然而，各方始终未能给出推动“单一欧洲清算所”的任何可行提案，也未取得任何实质进展。

在单一清算所的可行性方面，欧洲委员会（Council of Europe）认为，建立单一清算所已超过欧洲委员会的能力范围，交易所集团下属清算所的估值过高，在财务上不存在成立单一清算所的可行办法。同时，欧洲委员会也意识到该模式可能存在垄断问题，这成为欧洲单一清算所计划被市场参与者及监管机构搁置的最终原因。欧洲单一清算所计划的失败不仅与多国跨市场协调有关，更重要的是建立单一独立清算所与当前期货市场垂直清算的发展趋势不相符。首先，水平整合的单一清算所将面临流程合并、技术整合、产品市场融合等多方面的问题，高昂的协调成本将在很长一段时间内影响期货市场的整体清算效率。其次，区域内的单一清算所将引发垄断效应。在实际运行中，市场垄断带来的成本上升与规模效应的成本下降是否能够取得平衡仍存在不确定性。最后，单一独立清算所作为区域期货市场的唯一中央对手方，还有可能成为系统性风险的潜在来源。

---

① Tina P. Hasenpusch, 2012, “Clearing Services for Global Markets: A Framework for the Future Development of the Clearing Industry”, Cambridge University Press, 8. 2. 1. 5.

（三）我国期货交易所清算业务组织方式的历史和现状

目前，我国期货行业统一采用交易所内设结算部门的模式，交易所对结算业务有控制权。实际上，我国期货市场一直采用的是垂直模式，并没有水平模式的清算所出现，即没有一家清算机构同时为多家交易所提供服务。但在期货清算机构的所有权结构上，历史上分别有三种不同的模式，包括交易所下属结算部模式、交易所全资子公司模式和联合控股独立公司模式。

1. 交易所下属结算部门

下属结算部门模式，是指结算由交易所内设结算部门承担，这是目前我国期货市场采用的所有权结构。中国证监会直属的 6 家期货交易所均采用这种模式。在这种所有权结构下，负责结算的组织是交易所下属的一个部门，交易所对结算运营和风险控制有很强的控制权。

2. 交易所全资子公司模式

全资子公司模式，是指清算业务由作为独立实体的清算公司负责，但是清算公司由交易所全资创办的模式。比如原上海粮油交易所①曾出资设立上海粮油商品交易结算所，该结算所独立核算，自负盈亏，但在业务和人员上仍受其母公司——粮油交易所管理。这种所有权结构目前在境外被广泛采用，比如欧洲期货交易所（Eurex）的清算就由其全资子公司清算公司（Eurex Clearing）负责，港交所衍生品业务的清算也由其清算子公司负责。全资子公司模式下，作为子公司的清算所仍然类似交易所的一个部门，交易所对其业务仍有很强的控制权，但是二者资产隔离，即如果作为子公司的清算所破产，交易所作为母公司不会受到连带。

3. 联合控股独立公司模式

联合控股独立公司模式，是指清算机构是由交易所和其他机构共同注资成立的独立实体。这种模式和全资子公司模式最大的不同是交易所

① 已经和上海金属交易所合并成为上海期货交易所。

持股清算所但是不控股，因此这种模式下交易所对清算所业务的影响力有限。原广发期货结算公司负责原广东联合期货交易所的清算业务，而广发期货结算公司由广东联合期货交易所和广东发展银行联合持股设立。

三、选择清算业务组织方式的考虑因素

交易所选择清算业务的组织方式主要以市场风险防控、推进创新、降低成本为考虑因素，其中，风险防控是核心考虑因素。

（一）对系统性风险的影响

对交易者而言，由中央对手方进行集中清算具有降低对手方信用风险的作用，但本质上并没有消除市场整体的信用风险，而是将风险集中于中央对手方本身。中央对手方自身运营出现风险将对所有交易者产生灾难性的后果——衍生品合约无法得到如数偿付；市场机构面临广泛亏损；直接引发金融市场的系统性风险。因此，交易所在选择如何整合其清算业务时，需要首先考虑对系统风险的影响。

1. 水平整合导致风险集中

集中清算作为一项重要的风险防控措施，其结构安排必须以降低系统性风险为首要目标。通过研究不同清算业务组织方式在市场剧烈动荡时的表现，有研究者①发现垂直整合在抵御危机与极端风险方面显著优于水平整合。事实上，不仅是学术界，市场参与者也已经认识到了统一独立清算所蕴含的实质性风险。在实践中，金融机构通过将衍生品业务分散于多个交易所的方式，对单一清算所的风险敞口进行限制，防止某个清算所违约对公司的各项业务运营造成颠覆性影响。如果市场上只存在一家清算所，则市场参与者无法有效分散自身在清算所的信用风险敞口。将多个

---

① Fabien Renault , July 2010 , “Concentration risk and the optimal number of central counterparties for a single asset”, Financial Stability Review.

市场的多种金融工具集中于单一清算所清算，尽管能够在一定程度上降低运营成本，但一类产品违约触发的风险事件可能使清算所面临运营风险，波及其他产品的清算程序与资金划拨，进而影响多个金融市场与多类市场参与者的正常运行。在该种情形下，金融衍生品的违约可能使商品衍生品市场参与者面临同样的潜在损失，金融机构的违约也可能扩散到实体企业。

2. “大而不能倒”导致道德风险

在水平整合模式下，独立清算所为多个交易所提供中央对手方清算服务，成为金融经济的关键命脉，但是当清算所出现危机时，监管者必然会为它提供救济，因此独立清算所成为“大而不能倒”的机构。“大而不能倒”的机构形成了“利润私有化但风险社会化”的潜在道德风险，存在负外部性①问题。因为运营失败导致的损失将由市场参与者共同承担，所以大型独立清算所缺乏加强管理系统性风险的动机，它肩负的责任义务与惩罚机制并不对等。倒闭作为一种市场惩罚机制，可以激励市场参与者控制风险，但是因为“大而不能倒”机构的存在，市场惩罚机制难以发挥应有作用，市场风险皆由公众代替过分冒险的清算所和市场机构承受，而清算所和市场机构却没有受到惩罚。

（二）对风控措施实施的影响

1. 清算组织结构不影响风控标准执行

独立清算所的支持者认为由内设结算部负责清算有诱发交易所降低风控标准的可能。由于下属结算部门对交易所的监督和制约力较弱，并且和交易所利益一致，当交易所为了降低清算成本、吸引参与者等种种原因希望降低风险控制标准时，清算机构由于处于交易所的下属地位，很难坚持风险控制原则。

实际上，是否有动力维持较高的风控标准受清算行业结构的影响较

① 萨缪尔森和诺德豪斯在《经济学》（第18版）中将外部性定义为：“外部性指的是企业或个人向市场之外的其他人所强加的成本或效益。”

小，因为不论是在何种行业结构下，交易所只需设计良好的内控机制、风险管理机制和违约处理制度即可激励清算机构坚持风险控制原则，比如监管机构可以要求交易所在违约瀑布序列中增加“交易所自有资金前置”机制①。这种设置下，弥补违约损失时，交易所的自有资金会先于未违约会员被使用，所以如果不能合理控制风险，交易所会面临资金损失，因此交易所有较强的维持风控标准的动力。

2. 水平整合增加了商业风险和运营风险

缺乏对交易信息的控制力会制约中央对手方捕捉市场异动的能力，不利于中央对手方及时采取风控措施。比如，中央对手方估算日间保证金需要交易所提供实时市场数据，如果不能及时从交易所获得数据则会导致日间风控失败。

此外，交易和清算业务对接流程的繁复性会降低业务处理效率，增添市场的潜在风险。独立清算所需要在交易至结算的多个环节与交易所进行衔接，对交易后的处理效率产生影响。比如，我国期货交易所普遍采用前端控制，即在确认交易双方的保证金足额后才促使交易成交，因此交易所和清算机构需要频繁互动，如果清算所不能实时反馈保证金数据，交易系统就存在无法实时执行交易的风险。

（三）对金融创新的影响

当引入竞争机制和利益激励机制后，中央对手方将提供更好的服务。即使设立的独立清算所是非营利机构，交易所行业都不应该将垄断作为清算业务的解决方案，因为当竞争机制缺乏时，中央对手方会出现创造力不足和低效率运作的问题。

1. 产品设计与风控设计紧密配合可以降低创新成本

与外部独立清算所相比，内设结算部更有利于交易所风险管理工具

---

① 该机制在交易所行业被称为“Skin in the game”，详细的讨论见本书“违约瀑布序列和自有资金前置”一节。

的创新。期货交易所作为风险管理工具的开发者，是期货市场创新的原动力。新产品的成功上市离不开清算环节的合理设计与配合，清算所与交易所垂直整合的模式下，衍生品产品设计与风控设计紧密结合，能够对新产品的开发起到节省开发时间和协调费用的作用，比清算所和交易所相互独立的两家实体创新速度更快。两个独立的实体可能必须要签署法律文件来确定产品开发中权利和义务关系，但对垂直整合下的清算所而言，则避免了这一环节，加快了衍生品创新的速度。

英国国际石油交易所（International Petroleum Exchange，简称 IPE）的金融产品原由伦敦清算所（LCH）清算，20 年来只有 4 种合约，合约种类的匮乏一度影响了交易所的发展。后来 IPE 被洲际交易所（Intercontinental Exchange，简称 ICE）收购，其金融产品由 ICE 自有清算所进行清算，截至目前，IPE 已经推出 900 个合约。在拥有了自己的清算所之后，交易所的产品创新实现了跨越式发展。

2. 内设结算部提供了创新驱动力

内设结算部会产生合并合力，给交易所带来更为广阔的内部投资机会。对交易所或者清算所单独而言没有利润的业务，交易所或者清算所会选择不予执行，但在垂直整合的业务组织模式下，业务带来的交易手续费收入和清算收入之和有获利的可能，交易所会执行这样的业务，推动产品的创新。

相反，独立清算所同时为多个交易所服务，将影响它对一家交易所产品创新的支持。清算所需要权衡考虑多个交易所的优先顺序及各类交易群体，通常无法全力支持一家交易所的创新，因此会减慢市场的创新速度。

（四）对成本的影响

1. 独立清算所的规模效应

虽然一个完全垄断的独立清算所可能会导致“大而不能倒”的问题，并且影响创新，但能够发挥规模经济效应，降低清算成本。因为该独立清算所可以采用统一的运营流程、风险监控、风险管理和技术系统，相对于由各交易所分别内设结算部，可以减少固定成本。

目前，我国的期货公司通常同时是多家期货交易所的会员，虽然期货交易所的会员相同，但是不同期货交易所的结算业务都是分散进行的，即期货公司需要分别申请不同交易所的结算会员资格，分别接入不同交易所的结算系统，使用不同结算资金划转系统，分别为不同交易所设置资金结算账户。从市场参与者的角度看，建立统一清算所有助于减少结算会员申请手续，降低其接入不同清算所的成本，并且，统一使用一套结算系统之后，操作人员只需熟悉一套系统即可，这样就降低了结算会员操作人员的培训成本。

但在考虑统一清算所带来的规模效应，尤其是资金成本节约效应时，必须意识到组合保证金制度对节约成本的作用是有限的。直观上看，独立清算所可以对其清算的所有产品以组合形式计算保证金，从而降低交易者的保证金成本。但是这直接取决于其清算产品的同质性，对于风险差异性高的产品，组合保证金并不能显著降低保证金要求。对于我国期货市场，商品交易所清算的部分商品期货的风险特性类似，的确可以利用不同产品间的组合保证金降低会员成本，但是金融衍生品和商品衍生品的风险特性相差很大，不能以组合的形式进行保证金计算，所以成立统一商品类和金融类衍生品的清算所很难在保证金方面减少参与者成本。

2. 滥用垄断地位会带来额外的市场成本

另外，必须要注意的是，独立清算所滥用垄断地位会带来额外的成本。垄断式的统一清算所会因为缺乏竞争而效率低下，且有可能利用垄断地位提高清算费用。

统一清算所垄断的成本不止反映在过高的清算费用上，还反映在垄断清算所对金融市场稳健性的损害上。当一家清算所具备了足够的市场控制力，如果其他竞争清算所希望获得市场份额，则通常会采取激进的市场策略，提供稳健性不足的清算服务来夺取市场，这样可能会加剧市场动荡。

第二章

交易所产品设计

交易所产品设计的主要工作是设计期货合约表，合约表一般包含合约标的、交割方式、可交割资产范围、报价方式、合约月份、交易时间、每日价格波动限制、最小变动价位等要素。这些要素决定了合约上市后能否正常发挥功能，并影响上市后的市场流动性。与结构化金融产品相比，交易所上市的期货合约、期权合约的结构并不复杂，这可能给市场参与者一个错觉，就是设计期货产品是一项简单的工作。但实际上，设计交易所上市的衍生品需要考虑的因素更为复杂，期货合约并非仅为了满足少数投资者个性化的投资需求，而是需要从金融市场整体来进行设计考量，以确保合约条款的设计有利于期货发挥风险管理功能和价格发现作用。更重要的是，交易所产品设计需要确保金融市场不发生系统性风险。

第一节　交易所如何选择期货标的

交易所上市衍生品合约一般会经历四步：第一步是选择产品标的；第二步是设计合约条款；第三步是上市后对挂牌的合约提供各种支持机制，以提高产品的流动性；第四步是评估市场运行效果，必要时需要对合约条款进行调整，甚至对不成功的合约进行退市处理。在上述四步中，选定产品标的是第一步，也是最为关键的一步，标的选择直接影响衍生品上市的成功与否。

一、万物皆可期货化——选择衍生品标的的基本原则

虽然现代衍生品市场起源于农产品期货，但是经过多年发展，衍生品作为风险管理工具已经被金融市场广泛使用。根据美国期货业协会（Futures Industry Association，简称 FIA）的统计①，截至 2021 年，全球主要交易所上市的期货和期权品种已超过 2200 个，衍生品的标的不再局限于传统大宗商品和金融资产，但是交易所在选取期货和期权合约标的资产时，依然需要遵循一定的原则。

（一）主要衍生品标的类型

从全球主要交易所已经上市的期货品种上看，期货和期权品种的标的主要分为六大类，分别是农牧产品、金属、能源、个股和股票指数、利率、外汇。以农牧产品为标的的期货有很强的地域特征，交易所会根据所在市场的特性和需求推出相应的农产品期货，比如南美是咖啡的主

① FIA，21 January 2021，“Global futures and options trading reaches record level in 2020”.

要出口地，巴西证券交易所（Brasil Bolsa Balcao，简称 B3）就上市了咖啡期货。我国玉米总产量位居全球第二，因此我国大连商品交易所上市了玉米期货。除了以特定农牧产品为标的的期货外，也有基于农牧指数的期货品种，比如德国欧洲期货交易所（Eurex）的商品指数期货（Bloomberg ex - Agriculture & Livestock Index Futures）。金属类标的包括铝、铁、铜等工业原材料，以及银、黄金、铂金等贵金属。能源类标的包括各类原油、燃料油、天然气。能源类产品也可能以能源指数为标的，采用现金交割，比如芝加哥商业交易所集团（CME Group）下属的纽约商业交易所（New York Mercantile Exchange，简称 NYMEX）上市的阿格斯远东指数（ARGUS Far East Index）丙烷价格指数期货。总体来看，以商品为标的的期货品种主要在商品产地或消费地的交易所交易，因此商品期货通常选择实物交割，交易所所在地区是否有充足的可交割标的资源非常重要。

在金融衍生品方面，个股和股票指数是全球交易量最大的场内金融衍生品类别，这类产品的标的一般是基于明晟公司（MSCI）、富时公司（FTSE）等全球主要指数公司制定的股票指数，交易所一般会优先选择本地区代表性的指数，比如韩国交易所（Korea Exchange）的 Kospi 200 期权，但是也有交易所上市其他国家的指数衍生品，比如新加坡交易所（Singapore Exchange）上市了富时中国 A50 指数期货。以股指为标的的衍生品结构简单，波动较大，所以主要参与者类型一般是自然人，交易所在设计此类产品时一般选择较小的合约规模，以便自然人投资者参与，因此，迷你股指期货和期权合约非常流行。以债券和利率为标的的场内衍生品主要包括国债期货和利率期货。近年来，对场外衍生品的监管日益加强，所以部分交易所上市了利率互换期货，比如 CME 上市的 Eris 利率互换期货。近年来，由于 ESG[①] 投资概念的兴起，以绿色债券

---

① ESG 是 Environmental（环境）、Social（社会）和 Governance（治理）的简称，代表了公司在环境保护、社会责任及公司治理方面的表现，而 ESG 投资是指考虑上述要素的投资策略。

指数和ESG债券指数为标的的指数期货不断上市。外汇类期货常见的标的包括美元/英镑、美元/日元、美元/欧元等货币对。

最近二十年，除了上述传统的期货标的，一些标的资产较为特殊的期货合约也频繁出现：地产指数期货，比如泛欧交易所（Euronext）上市的巴黎地产指数期货（Paris Real Estate Index Futures）和芝加哥期货交易所（Chicago Board of Trade，简称CBOT）的美国地产指数（DJ US Real Estate）期货；远期航运期货，比如新加坡交易所（SGX）上市的远期航运合约（Forward Freight Agreement）以及纳斯达克期货交易所（NFX）上市的航运期货（Dry Freight Capesize Voyage Route Financial）；虚拟货币，典型代表是CME上市的比特币期货；气候期货，这类期货可能以降雨量等气候指标为标的，或者是以碳排放权等配额为标的，代表性产品包括CME的天气期货（HDD Weather）和ICE的碳排放权期货。

（二）衍生品标的选取原则

从境内外交易所的实践看，从商品到金融基准，甚至连天气都可以以期货形式交易，但这并不是意味着所有资产类型都可以成为期货或期权合约的标的，交易所选择衍生品标的有三个基本原则。

第一个原则是市场存在对标的资产的避险需求。避险需求包括交易需求和风险管理需求。交易和风险管理需求的来源是资产存在价格变动风险，即资产的价格需要市场化。如果资产的价格由政府或者垄断性企业决定，价格不存在变动的风险，交易需求和风险管理需求都将受到影响。

我国市场发生的“327国债期货风险事件[①]”背后的原因之一正是标的国债的价格不够市场化。

当时，我国利率市场化改革尚未开始，国债期货的价格并不完全依托市场利率波动而变化，影响其价格的主要因素为保值贴补率和贴息等政策性因素。“327”国债期货风险事件之所以得名于“327”，不是因

① 陆一：《无常的博弈——327国债期货事件始末》，上海三联书店2020年版。

为事件发生在3月27日这个日期，而是因为引发事件的国债期货合约的代码是310327。当时的交易者称这个合约为327国债期货。该合约对应的标的是一只确定的债券——1992年发行的票面利率为9.5%的到期日为1995年6月的3年期国债［简称92（3）国债］，标的债券到期价格为票面价值100元加上3年合计利息28.50元，共计128.50元。由于当时国内通货膨胀居高不下，1993年7月，中国人民银行加息并对存款保值贴补，同时也为国债保值贴补。因此，92（3）国债的价格波动不仅受市场利率波动影响，还取决于保值贴补率，以及财政部是否上调基础票面利率。基础票面利率和保值贴补率的极大不确定性导致国债价值和国债期货的巨大波动。对基础票面利率和保值贴补率的不同预期，使市场对于327国债期货价格存在巨大分歧。1995年2月9日，央行公布的保值贴补率为11.87%，但保值贴补率还有可能进一步提高。除保值贴补率外，影响327国债期货价格的另一个因素是标的国债是否会贴息，即财政部是否会提高基础票面利率。投资者的不同预期使多空双方在327国债期货上大量建仓。以万国证券为代表的机构认为政府不会对国债贴息，327国债期货的正常价格应该在140元左右，因此普遍看空。而以中国经济开发投资公司为首的机构则因预期贴息而做多327国债期货。市场观点的不一致使327国债期货的持仓数量逐渐增加。1995年2月23日，财政部将于24日把92（3）国债基础票面利率从9.5%提高至12.24%的消息在市场上不胫而走，推动327国债期货大幅上涨，国债期货合约价格大幅飙升至151.98元，空方面临巨大亏损。在贴息上预测错误的万国证券在上海证券交易所收市前8分钟内抛出了2070万手327国债期货卖单，成交1044.92万手，327国债期货价格被迅速压低至147.50元，使327国债期货多头出现大幅亏损。23日晚，上海证券交易所宣布最后8分钟的327国债期货交易无效，造成了“327国债期货风险事件”。1995年5月17日，经国务院同意，中国证监会发布《关于暂停中国范围内国债期货交易试点的紧急通知》，当时上市不足三年的国债期货就此退市。

选择期货标的的第二个原则是标的资产可以被设计成标准化合约。期货是标准化的衍生品，非标准化的资产需要进行标准化之后才可以作为期货的标的。指数化是金融市场中常见的标准化手段，比如，以特定公司的信用水平为标的的单名信用违约互换（Single Name CDS）很难在交易所交易，但是CDS指数可以被设计成场内衍生品。

选择期货标的资产的第三个原则是不存在显著的市场操纵和内幕交易风险。虽然一般而言，市场操纵和内幕交易风险可以通过合理的产品设计和市场监查手段来控制，但是如果资产存在显著的市场操纵和内幕交易风险，也不宜作为期货标的。

典型例子是美国票房期货（Domestic Box Office Receipt Futures，简称DBOR期货）。该期货品种曾短暂地在美国的Cantor交易所和Trend交易所上市，但是2010年6月《多德－弗兰克法案》[①] 出台，该合约很快就被美国商品期货交易委员会（CFTC）宣布禁止交易了。该产品以即将上映电影的票房为标的，采用现金交割，交割结算价由电影上市前两周的票房收入决定。上市票房期货的目的是帮助电影行业的利益相关方对冲电影制作、发行以及融资的风险。电影院线、电影投资者、电影制作方和电影的宣传方都可以使用该期货合约来对冲风险。电影票房作为标的满足市场需求原则和资产标准化原则。但是，该品种存在较高的内幕交易风险，电影的相关方对电影的票房有内部信息，并且有很大的动力来操纵该产品的价格。因此，出于保护投资者的目的，该合约被美国CFTC禁止上市了。

二、交易所推出新产品的时机

上市时机也会影响产品的成功与否。和很多行业类似，交易所行业

① 全称为《多德－弗兰克华尔街改革和消费者保护法》（Dodd－Frank Wall Street Reform and Consumer Protection Act）。

也推崇先发者优势，希望通过先于其他竞争者上市产品的方式率先抢占市场流动性。有时率先推出产品的确可以使交易所获得一定优势，但并不总是越早上市就越容易获得成功。芝加哥期权交易所集团（CBOE）在2017年12月上市了首个比特币期货，但是因为市场流动性不足，于2019年就宣布退市该产品。芝加哥商业交易所集团（CME）晚于CBOE上市比特币期货，但是上市后产品流动性却明显好于先上市的CBOE的比特币期货。总体而言，交易所选择产品上市时机有四种情况。

第一是市场的风险管理需求已较为稳定。当市场的风险管理需求显著且稳定时，就是交易所推出相应产品的最好时机。风险管理是衍生品交易者最基础的需求，需求一般来源于持有现货的交易者。如果一类资产的现货市场规模还较小，即使已经出现了一定风控需求，也不适合在此时推出期货产品，需要等待现货市场发展至一定规模。

第二是市场存在交易需求。虽然风险管理是期货产品最本质的需求来源，但是该期货产品能否成功也受可交易性的影响——衍生品市场需要投机交易者和套利交易者为市场提供流动性。因此，当一些产品的现货不易交易，或是交易对手方风险过高时，标准化的这些产品的衍生品却因为具有高流动性和低信用风险的特征，使交易者虽然不愿意持有这些产品资产本身，但是对这类资产的衍生品却有明显的交易需求。他们希望使用衍生品进行交易替代。这为交易所上市新产品提供了机会，典型的例子就是比特币期货。

第三是市场出现重要的监管改革措施。市场加强监管以及推出新的监管要求都会引发市场对新产品的需求。此时，市场对新产品的需求趋势可能尚不明确，但交易所可以适时推出应对监管措施的产品，比如标准化场外衍生品强制集中清算促使场外产品场内化。因此，两大交易所集团芝加哥商业交易所集团（CME Group）和洲际交易所集团（ICE）均推出了场内CDS指数期货和IRS期货。

第四是市场出现新的基准。金融市场基准改革给市场提供了新的交易标的，为了获得先发者优势，赢得流动性，即使市场尚未出现显著需求，交易所也会选择上市基于新基准的期货品种。比如芝加哥商业交易所在美国新的无风险利率基准确定之前，就密切关注无风险利率基准的制定，新的基准 SOFR[①] 确定之后，就立刻推出了 SOFR 期货。

第二节 交割方式设计——实物交割与现金交割

期货合约可以采用现金交割或实物交割，交易所在产品设计初期就必须考虑产品的交割方式。虽然现金交割已经是当前常见的交割方式，并被市场广泛接受，但早期的期货合约主要采用实物交割，芝加哥商业交易所（CME）在 1981 年才推出了现金交割的利率期货品种——欧洲美元期货。交割方式是期货合约设计的重要内容，有时还会成为决定产品成功与否的关键因素。

一、交割方式概述

实物交割需要期货空头向多头交付合约标的资产。目前，大部分商品期货以及金融期货中的外汇期货依然是以实物交割为主。我国境内商品期货交易所上市的大部分商品期货都是实物交割。现金交割只需交易双方划转现金损益。以金融资产为标的的衍生品多采用现金交割，比如中国金融期货交易所上市的沪深 300 股指期货。

虽然多家交易所可能不约而同地对特定资产采用相同的交割方式，但并不是以某类资产为标的的期货只能采用特定交割方式，交割方式没有和资产类别绑定，交割方式的选择也没有优劣之分——即使期货标的

① SOFR 是 Secured Overnight Financing Rate 的缩写，该利率基准的计算基于以美国国债作为担保品的隔夜回购交易。

资产相同，不同交易所也可能采用不同的交割方式。以国债期货为例，虽然实物交割是交割方式的主流选择，但是现金交割的国债期货也并不鲜见——澳大利亚和韩国的国债期货采用现金交割。很多交易所针对同一类资产类型，还会同时设计交割方式不同的合约，比如美国芝加哥期货交易所（CBOT）在实物交割国债期货已获得巨大成功的基础上，在2021年8月16日上市了采用现金交割的迷你国债收益率期货。日本交易所集团（JPX）也同时上市了实物交割的10年期国债期货和现金交割的迷你10年期国债期货。

二、交割方式设计原则

交割方式对合约的最大影响是期货价格最终能否向现货价格收敛，从而影响期货作为风险管理工具的应用效果。如果交割方式设计不当，期货价格将脱离现货价格。在保证期现价格可以收敛的基础上，交割方式的选择需要结合现货市场特点以及潜在交易者类型。

1. 实施某种交割方式是否存在根本性障碍

标的资产的性质可能使品种无法采用某种交割方式。常见制约实物交割的因素包括现货市场过小、现货不具备交割可行性和交割效率太低。现货规模过小会导致实物交割存在较大的逼仓风险。逼仓，是指交易一方利用资金优势或持仓优势，使期货或现货价格向单边运动，导致另一方以不利价格平仓的行为。当逼仓风险较高且不能有效控制时，应该优先考虑采用现金交割方式，典型的例子是澳大利亚国债期货。澳大利亚国债现货市场规模远低于利率衍生品市场，因此澳大利亚证券交易所集团（ASX）上市的国债期货采用现金交割。除了现货市场规模较小这个制约因素外，还存在标的资产不具备实物交割可行性的情况，比如波动率指数期货没有对应的现货，只能采用现金交割。即使现货具备实物交割的可行性，如果实物交割的效率太低，也应该优先考虑采用现金交割，比如股票指数期货。股票指数期货的交易者不太可能使用一揽子股票去履行股指期货的实物交割义务，因此，股票指数期货进行现金交割更为可行。

虽然制约实物交割的因素很多，但是现金交割也不是一直可行。当交易所找不到权威性价格基准作为现金交割结算价时，应该优先选择实物交割，大部分商品期货都存在这个情况。大部分商品的现货市场缺乏统一的现货价格基准，选取合适的交割结算价难度较高，因此，商品期货普遍优先选择实物交割。

2. 交割方式要能够降低价格被操纵的风险

相较实物交割，现金交割受交割结算价的影响更大，因此参与者更有动机进行价格操纵。2012 年爆出的伦敦同业拆借利率（London Interbank Offered Rate，简称 LIBOR）被操纵案件，其动机是影响以 3 个月美元 LIBOR 为标的的欧洲美元期货价格。如果交易所认为必须采用现金交割，则需要建立有效机制以防止交割结算价被市场操纵，常见的方法包括选取实际交易价格而非报价作为计算交割结算价的基础数据，选取一段时间内的加权平均价格而非特定时点的价格作为交割结算价等。

3. 交割方式的设计应该降低交割风险

交割风险是指交割不能正常完成的风险。一般而言，现金交割的交割风险较低。实物交割流程比较复杂：商品期货的交割涉及交割库，交割通常使用仓库标准仓单，标准仓单的生成包括交割预报、商品入库、验收、指定交割仓库签发及交易所注册等环节。另外，实物交割用时也更长，交割风险较高。

三、交割方式设计影响期货价格的案例——国债期货交割期权

很多期货交易者的交易目标是赚取买卖价差，并没有计划将期货合约持有至到期，这些交易者中的一部分对交割方式往往并不关注，但这其实是错误的做法。交割方式和交割流程可能会影响期货价格，所以，不论是作为合约设计者的交易所还是交易者都需要关注交割方式设计。

现金交割到期只用划转现金，但是实物交割则不同，实物交割会赋予参与者（通常是期货空头）交割选择权，参与者因此可以选择交割时间和交割资产。交割选择权是一种期权，因为该期权的存在，期货多头何时需要进入交割以及交割获得的资产都是不确定的，即需要承担额外的风险，因此，交割期权的价值也体现在期货价格里。

实物交割的国债期货是典型的含有交割期权的期货品种。以中国金融期货交易所上市的国债期货为例，该国债期货的实物交割采用空头“举手”机制，因此存在交割时间选择权和交割债券选择权[①]。交割时间选择权之所以存在，是因为国债期货采用滚动交割，国债期货合约进入交割月份后至最后交易日之前，期货空头都可以进行交割申报。在此期间，国债期货的空头会根据持有收益来判断是否行使交割选择权。如果此期间持有收益为正，即国债票息收入大于融资成本，那么国债期货的空头会选择不行使提前交割选择权，将持有国债期货至最后交易日，进入集中交割。

交割债券选择权在境外被称为质量期权（Quality Option）。实物交割国债期货的可交割国债范围为一揽子国债，即允许期货空头在此范围内选择用于实物交割的国债，因此，对于期货多头而言，实际获得的国债是不确定的。国债期货的质量期权是一种彩虹期权（Rainbow Option）[②]，国债期货空头是彩虹期权的买方，有权选择交割成本最低的债券去交割，这只债券一般是最便宜的可交割债券（Cheapest - to - delivery，简称 CTD），国债期货多头则是彩虹期权的卖方。

交割期权的存在会影响国债期货价格，因此，投资者在对国债期货进行估值时不能只考虑国债远期价格，还需要在此基础上考虑交割期权

① 美国的国债期货还存在百搭牌期权（Wild Card Option），该交割期权的产生源于国债期货收盘时间和实物交割申报截止时间之间的时间差。美国国债期货的交割意向申报截止时间和当日交易截止时间之间有几个小时的时间差，这段时间内国债现货市场的波动给百搭牌期权带来了期权价值。但是，我国国债期货市场的交割意向应当在当日 15：15 前申报至交易所，最后交易日交易截止时间和申报截止时间之间的时间差较短，基本不存在百搭牌期权。

② 彩虹期权是指期权收益和多个资产的价格挂钩的期权。

的价值。而作为合约设计者的交易所，则需要谨慎设计实物交割流程，避免交割期权扭曲期货价格。

四、交割方式的其他影响

交易所在设计交割方式时，除了考虑交割可行性、价格操纵风险、逼仓风险和交割风险等因素外，还需要考虑交割方式对期货流动性、标的资产流动性、操作风险、交割成本的影响。表 2－1 总结了两种交割方式对期货交易的各种影响，需要交易所给予一定关注。

表 2－1　　交割方式对期货交易的影响

影响方面	现金交割	实物交割
交割结算价被操纵的风险	高	低
逼仓风险	低	高
交割风险	低	高
操作风险	低	高
对现货市场流动性的贡献	低	高

交割方式会影响流动性在不同月份合约之间的分配。对于实物交割的合约，由于大部分交易者不希望进行实物交割，在合约到期之前会选择移仓，将持仓尽早转移到下一个到期的合约上，因此主力合约的切换通常较早。以我国国债期货为例，国债期货的合约月份为最近 3 个季月①，虽然合约的最后交易日为合约月份的第二个周五（通常在 8 日至 12 日之间），但是一般在到期月前一个月的 20 号之前就会发生主力合约②切换，比如 2022 年 3 月到期的 10 年期国债期货 T2203 合约的主力合约切换发生在 2 月 14 日。

① 季月是指 3 月、6 月、9 月和 12 月。

② 境内期货交易所的主力合约是指持仓量最高的合约。

交割方式会影响现货市场的流动性，如果特定品级的资产被纳入可交割现货范围，那么出于实物交割的需求，相应的现货市场的流动性会得到提升，由此可看出，现金交割对于改善现货市场流动性的效果不如实物交割。

不论对交易者还是对交易所，实物交割的操作风险都较高，因为实物交割不仅需要划转交割货款，还需要划转现货，在进行交割时，出现操作失误和系统故障的概率较高。

前文列举了现金交割相对于实物交割的诸多优点，但是实物交割也有无法被替代的作用。实物交割至少在两方面会使参与者受益：一是使现货价格和期货价格紧密连接，保证了期货和现货价格到期收敛；二是交易者在合约到期时可以灵活选择是进行期货合约展期，以继续保持期货风险敞口，还是通过交割获得现货风险敞口。

第三节　设置最小变动价位

一、最小变动价位不能被忽视

最小变动价位（Tick）是指交易所允许的报价最小价格变化量，是影响市场微观结构的重要合约设计参数。最小变动价位的设计初衷是提高市场报价效率，使交易者的报价较为集中，从而提高成交速度和成交概率，但最小变动价位会降低报价的精确度，因此会增加交易成本。设定最小变动价位数值需要在报价效率和交易成本间取得平衡。交易所在设计合约时不能轻视最小变动价位，市场参与者也需要关注交易所设计的最小变动价位。

最小变动价位可能从以下多个方面影响市场微观结构：

（一）影响交易成本

大量的业界学术研究都认为最小变动价位影响交易成本。Angel (1997)[①] 针对股票市场的研究指出，较大的最小变动价位报价会增加交易成本。例如，买方理想的买入价为 100.5 元，卖方愿意接受的卖出价也为 100.5 元，如果将最小变动价位定为 1 元，那么卖方报价会升至 101 元，买方如果想成交就只能以 101 元成交。交易成本的提高会降低交易者的交易意愿，因此会对市场成交量产生负面影响。

（二）影响报价的精确性

较小的最小变动价位可以鼓励交易者精确报价，充分展示其交易意愿；反之，较大的最小变动价位会降低出现更优价格的概率，因为当最小变动价位大于交易者愿意提供的价格优化幅度时，交易者不会进行报价。比如，交易者愿意提供 0.002 元的价格优化幅度，但是最小变动价位为 0.005 元，那么交易者就不会进行报价。

（三）影响市场报价效率和市场可见深度

虽然缩小最小变动价位可以提高报价精确度，但如果最小变动价位过小，市场报价效率将会降低，成交速度和概率也会降低。Chakravarty、Panchapagesan 和 Wood （2005）[②] 研究了最小变动价位对成交速度的影响，发现缩小最小变动价位后，成交速度减慢了。举例来说，当最小变动价位较小时，报价者可能需要多次调整其报价才能实现成交。除此之外，由于交易所和行情商一般只展示一定数目档位的报价，比如境内市场常用的万得数据（Wind）终端仅展示五档市场行情，那么如果

① Angel, James J., 1997, "Tick size, share prices, and stock splits", Journal of Finance 52 (2), 655 - 681.

② Chakravarty, Sugato, Venkatesh Panchapagesan and Robert A. Wood, 2005, "Did decimalization hurt institutional investors", Journal of Financial Markets 8 (4), 400 - 420.

最小变动价位过小，市场可见深度也会降低。

（四）影响流动性提供者的报价积极性

美国证券交易委员会（SEC）① 2012 年发布的报告认为扩大最小变动价位可以增加做市商的盈利。具体来说，买卖价差必须是最小变动价位的整数倍，因此，最小变动价位是限制买卖价差进一步缩小的因素。当最小变动价位增大时，合约的买卖价差会被迫增大，较大的最小变动价位虽然增加了中小投资者的交易成本，但做市策略的盈利会因此增加，从而激励来自做市商的流动性供给。

（五）影响“插队成本”，抑制程序化交易的报价插队行为

Huang 和 Stoll（2001）② 的研究指出，过小的最小变动价位会给交易插队提供便利，使时间优先原则丧失意义。集中交易系统一般按照“价格优先、时间优先”的原则撮合订单，后来的交易者可以通过提供更好的报价使自己的订单插到先排队的交易者之前。较大的最小变动价位意味着交易者必须提供更大的价格变动才能实现其插队目标，增加其交易成本，从而抑制插队行为，因此，增大最小变动价位可以在一定程度上限制利用速度优势进行插队的程序化交易。

二、产品上市前测算最小变动价位的方法

设计期货合约的挑战之一是在缺乏实际交易数据的情况下确定合理的合约参数。由于产品尚未上市，无法直接使用期货交易数据测算产品参数，此时，通常的做法是使用现货数据和相似期货产品的交易数据来进行替代。

---

① SEC report，2012，Report to Congress on Decimalization.

② Huang，Roger D and Hans R. Stoll，2001，“Tick size，bid - ask spreads，and market structure”，Journal of Financial and Quantitative Analysis 36（4），503 - 522.

使用现货数据或相似期货产品交易数据估算最小变动价位的基本原则是：最小变动价位不能抑制报价的精确度。举例来说，如果每日的价格波动仅为 1 个最小变动价位，就说明最小变动价位设置得过大，交易者的交易意愿不能得到充分的展示。在设计最小变动价位时，最小变动价位的数值应该显著低于合约的波动水平，使交易者可以在合约价格的合理波动区间内充分报价，提供市场流动性。

下面以测算 2 年期国债期货为例，演示如何在没有交易数据的情况下，测算合约最小变动价位。在没有期货数据的情况下，交易所可以使用已上市相关期货的数据。本例中使用先于 2 年期国债期货上市的 5 年期、10 年期国债期货数据，以及 2 年期国债现货数据估算期货的合理最小变动价位。估算过程通常分为三步：第一步，计算 5 年期和 10 年期国债期货最小变动价位和价格波动之间的比例关系，即价格波动应该覆盖几个最小变动价位。第二步，使用 2 年期国债现货数据估算 2 年期国债期货价格的理论波动水平。第三步，使用理论波动幅度除以期货每日价格波动和最小变动价位之间的倍数，得到 2 年期国债期货最小变动价位的估计范围。

在选择测算时间窗口时，由于期货价格波动情况会随市场行情变化，因此测算的时间窗口需要同时覆盖高波动时期和平稳时期。图 2 – 1 是使用 5 年期和 10 年期国债期货主力合约交易数据计算得到的日间振幅和最小变动价位比例的概率分布。

实际测算结果表明，国债期货结算价振幅分布并不对称，因此为了排除离群值的影响，使用振幅的中位数来计算振幅和最小变动价位间的比例关系。

同时，基于 2 年期国债现货数据估算 2 年期国债期货的理论波动。为了同时覆盖高波动时期和平稳时期，测算时间窗口为 2018 年 1 月 1 日至 2020 年 12 月 31 日。测算得到 2 年期国债期货名义标准券理论日间价格振幅的平均值约为 0. 042 点。考虑到流动性溢价和内嵌的交割期权等因素，国债期货的实际价格和通过现货估算出的期货理论价格通常

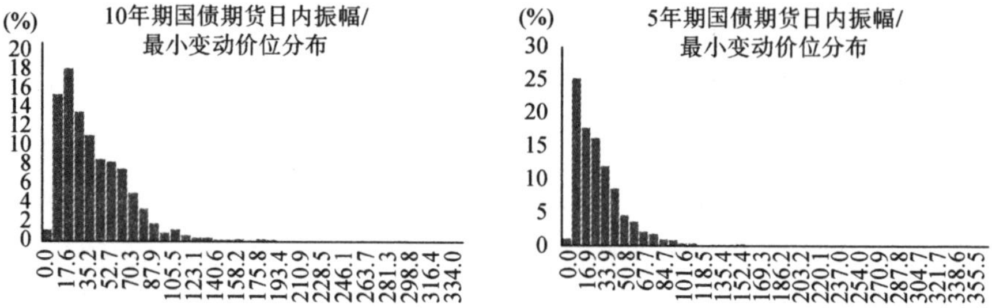

图 2－1　5 年期和 10 年期国债期货日间振幅/最小变动价位分布①

数据来源：Wind 数据终端。

存在差异，因此需要对该理论价格波动进行调整，调整系数的确定同样使用5 年期国债期货和 10 年期国债期货交易数据。相同时间窗口内，5 年期、10 年期国债期货的价格变动是依据现货计算得到的理论价格波动的 1.096 和 1.090 倍，因此，在估算得到的期货价格变动 0.042 点的基础上乘以调整因子，得到 2 年期国债期货价格理论价格变动的估计值为 0.046 点②。结合表 2－2 的振幅和最小变动价位的比例关系，得到 2 年期国债期货最小变动价位测算结果（见表 2－3）。

表 2－2　5 年期和 10 年期国债期货结算价振幅/最小变动价位中位数

（上市日至 2020 年 12 月）

品种	结算价振幅中位数	最小变动价位	振幅中位数/最小变动价位
5 年期国债期货	0.095 点	0.005 点	19
10 年期国债期货	0.14 点	0.005 点	28

数据来源：Wind 数据终端。

本例中，使用不同的相关品种进行估算的最终结果较为接近，但有时两个估算结果可能存在较大差异，此时交易所通常有三种处理方式。一是以平均值作为估算结果；二是只选择其中一个估计值，比如交易所

① 时间窗口为合约上市日至 2020 年 12 月 31 日。

② 实际上 2 年期国债期货于 2018 年 8 月 17 日就已经上市，2018 年 8 月 17 日至 2020 年 12 月 31 日，2 年期国债期货的平均日间结算价波动为 0.051 点，和通过模型计算得到的理论价格波动较为接近。

表2-3 基于5年期国债期货和10年期国债期货得到的2年期国债期货最小变动价位估值

基于5年期国债期货的2年期国债期货最小变动价位估值	基于10年期国债期货的2年期国债期货最小变动价位估值
0.0016	0.0024

可能认为5年期国债期货的最小变动价位水平更为合理，因此以基于5年期国债期货获得的计算结果为准；三是同时考虑所有估算结果，并加入交易所自身的专家判断来确定最终最小变动价位水平。

三、基于隐含买卖价差评估最小变动价位

期货上市前，交易所只能使用标的资产数据或是相关期货合约的市场数据估算最小变动价位；上市后，交易所获得了实际交易数据，因此必须使用实际交易数据对合约参数设计的合理性进行评估。如果评估结果显示最小变动价位不合理，就需要进行调整。

评估最小变动价位常规方法是基于实际买卖价差，即通过对比期货合约的买卖价差和最小变动价位，如果买卖价差显著大于最小变动价位，那么说明最小变动价位太小了，降低了报价的效率。但是这种方法只能识别过小的最小变动价位，无法有效识别最小变动价位过大的情况，因为最小变动价位会限制买卖价差进一步收窄，当市场可观测的买卖价差等于最小变动价位时，很难判断此时最小变动价位是过大还是正好处于合理数值。在这种情况下，可以使用隐含买卖价差对最小变动价位的合理性进行进一步评估。

（一）隐含买卖价差的概念

Roll（1984）[①] 提出了隐含买卖价差（Implied Bid - ask Spread）的

① Roll, R., 1984, "A Simple Implicit Measure of the Effective Bid Ask Spread in an Efficient Market", Journal of Finance, Vol. XXXIX, No. 4, 1127 - 1139.

概念。隐含买卖价差是市场隐含的交易成本，是做市商做市业务要求的最低回报。当市场是有效的，且价格变动的随机过程是稳态过程时，隐含买卖价差可以由价格变动的自协方差推导得到，因此可以通过计算价格变动的自协方差来计算隐含买卖价差。由于隐含买卖价差不像可观测买卖价差一样受限于最小变动价位，可以在最小变动价位过大时，用于估计合理的最小变动价位水平。

中国金融期货交易所在 2019 年 5 月 16 日启动国债期货做市商制度后，国债期货市场流动性明显改善，10 年期、5 年期和 2 年期国债期货主力合约日均买卖价差均为 1 倍 tick 左右。此时，若仅使用实际买卖价差，很难评估最小变动价位是否正好处于合理数值，是否存在继续缩小的空间。因此，需要使用隐含买卖价差作为评估工具——如果隐含买卖价差小于最小变动价位，说明最小变动价位还有缩小的空间；如果隐含买卖价差正好等于最小变动价位，则说明最小变动价位设置得较为合理。

（二）隐含买卖价差计算公式的推导

当市场是有效的，且交易成本为零时，因为市场价格已经包含了所有的信息，当前价格仅当有新的市场信息进入时才会发生变化，所以相邻价格之间不具有相关性。但是，在实际市场环境下，交易并不是零成本的，存在买卖价差，金融产品的市场可观测价格并不是其均衡价格，均衡价格表现为买价和卖价的中间价，即当新的市场信息进入时，卖价和买价会分别变动，变动后形成的新的买价和卖价的中间值就是新的市场均衡价格。

图 2－2 展示了没有新的信息进入市场时，相邻交易价格的可能变化路径。在不丧失一般性的情况下，假设 t－1 时刻的订单是卖单[①]，由于没有新的市场信息，市场价格只会围绕当前的均衡价格变动，即如果 t－1 时刻的价格是买价，t 时刻价格不会向下变动，同理，如果 t－1 时

① 如果 t－1 时刻的订单是买单，价格变化路径类似，但是方向正好相反。

刻的价格是卖价，t时刻的价格也不会向上变动。

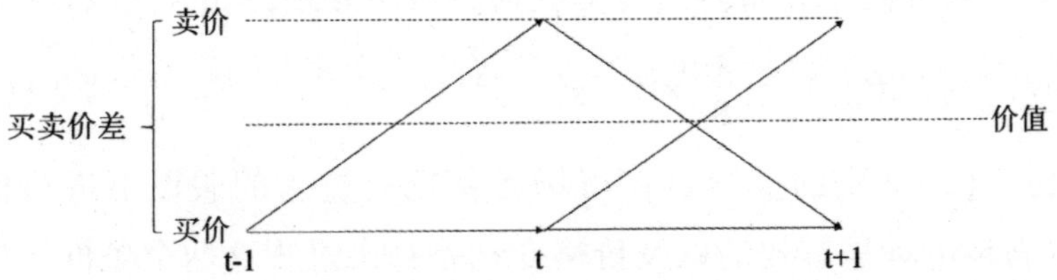

图2-2 没有新的市场信息情况下的价格变化路径

图2-2中每条路径的概率都是相同的，依据图2-2，可以按 P_{t-1} 是买价还是卖价两种情况分析，得到相邻价格变动 ΔP_t（$\Delta P_t = P_t - P_{t-1}$）和 ΔP_{t+1} 的条件概率分布，如表2-4所示。

表2-4 相邻价格变动的条件概率分布

		P_{t-1} 是买价		P_{t-1} 是卖价	
		ΔP_t		ΔP_t	
		0	+s	-s	0
ΔP_{t+1}	-s	0	1/4	0	1/4
	0	1/4	1/4	1/4	1/4
	+s	1/4	0	1/4	0

表2-4中的s是隐含买卖价差，不是可以实际观测到的买卖价差。

同时由于买单和卖单进入市场的概率是随机分布的，t-1时刻的价格是买价还是卖价的概率都是50%，由此可以将上述两个条件概率分布结合，得到 ΔP_t 和 ΔP_{t+1} 的联合概率分布，如表2-5所示。

表2-5 相邻价格变动的联合概率分布

		ΔP_t		
		-s	0	+s
ΔP_{t+1}	-s	0	1/8	1/8
	0	1/8	1/4	1/8
	s	1/8	1/8	0

由于价格变动的随机过程是稳态过程，故 ΔP_t 和 ΔP_{t+1} 的平均值为0。由上述联合概率分布得到价格变动的自协方差，如公式（2－1）。

$$\mathrm{cov}(\Delta P_t,\Delta P_{t+1}) = \frac{1}{8} \times (-s^2 - s^2) = -\frac{s^2}{4} \tag{2-1}$$

公式（2－1）的推导是在市场无新信息进入的假设下进行的，但是只要满足市场是有效的以及价格变动是稳态过程这两个条件，那么公式（2－1）在市场有新的信息进入时依然成立，推导如下：

假设金融产品的真实价格是 P^* ，t 时刻市场上可观测到的价格变动将包含两个部分，第一个部分是由于新的市场信息导致的市场真实价格的变动 ΔP_t^* ，第二个部分是表2－5描述的不由新的市场信息导致的价格变动 ΔP_t 。市场上可观测的价格变动 $\Delta \widehat{P}_t$ 可用公式（2－2）表示。

$$\Delta \widehat{P}_t = \Delta P_t^* + \Delta P_t \tag{2-2}$$

如果市场是有效的，那么有：

$$\mathrm{cov}(\Delta P_t^*,\Delta P_{t+j}^*) = 0 \qquad j \neq 0 \tag{2-3}$$

$$\mathrm{cov}(\Delta P_t^*,\Delta P_{t+j}) = 0 \qquad j \neq 0 \tag{2-4}$$

应用上述两个公式（2－3）和（2－4），得到公式（2－5）：

$$\begin{aligned}\mathrm{cov}(\Delta \widehat{P}_t,\Delta \widehat{P}_{t+1}) &= \mathrm{cov}(\Delta P_t^* + \Delta P_t,\Delta P_{t+1}^* + \Delta P_{t+1}) \\ &= \mathrm{cov}(\Delta P_t,\Delta P_{t+1}) = -\frac{s^2}{4}\end{aligned} \tag{2-5}$$

因此，在满足以下两个条件的情况下，不论是否有新的信息进入，隐含买卖价差都可以通过计算价格变动的自协方差获得：一是，市场是有效市场；二是，价格变动是稳态过程（至少应该在短期内是稳态的）。

（三）应用隐含买卖价差评估最小变动价位

使用2020年1月1日至2021年6月30日之间2年期、5年期和10年期国债期货主力合约的分钟数据进行实证分析，评估国债期货最小变动价位的合理性。数据时间窗口共有360个交易日，每个交易日的价格样本数为255[①]，价格变动样本为254。

为了保证满足时间序列平稳性的条件，分别测算每254个价格变动样本的自协方差，然后得到该交易日的隐含买卖价差估值。

隐含买卖价差可以使用价格变动时间序列的自协方差进行估算，即：

$$隐含买卖价差 = 2 \times \sqrt{-\mathrm{cov}(\Delta P_t, \Delta P_{t+1})} \quad (2-6)$$

使用公式（2-6）进行计算。结果显示，2020年1月2日至2021年6月30日，2年期（交易代码为TS）、5年期（交易代码为TF）和10年期国债期货（交易代码为T）隐含买卖价差的平均值分别为0.0028点、0.0053点和0.0069点，中位数分别为0.0027点、0.0051点和0.0072点（见图2-3、图2-4和图2-5）。因此依据隐含买卖价差理论，2年期、5年期和10年期国债期货的理论最小变动价位应该分别为0.003点、0.005点和0.007点。

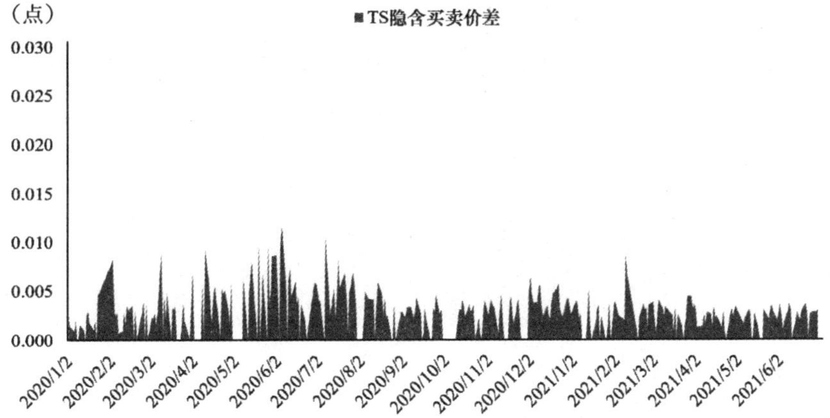

图2-3　2年期国债期货（TS）主力合约每日隐含买卖价差

（2020年1月2日至2021年6月30日）

数据来源：Wind数据终端。

① 计算使用成交数据按分钟切片的数据。

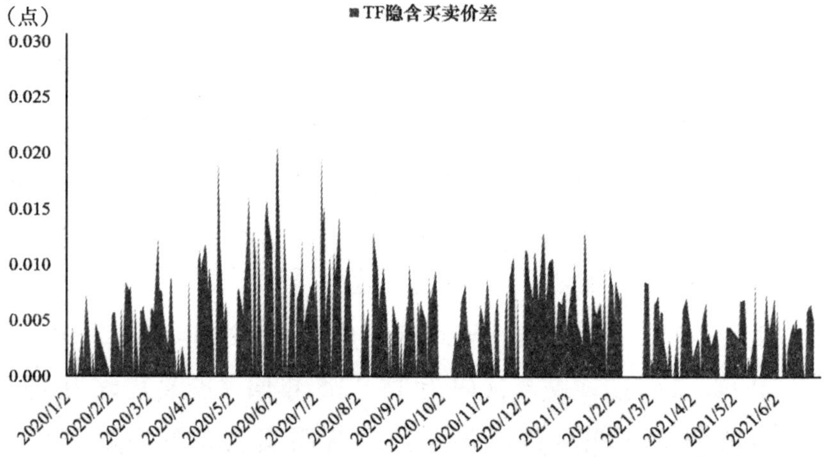

图 2-4　5 年期国债期货（TF）主力合约每日隐含买卖价差

（2020 年 1 月 2 日至 2021 年 6 月 30 日）

数据来源：Wind 数据终端。

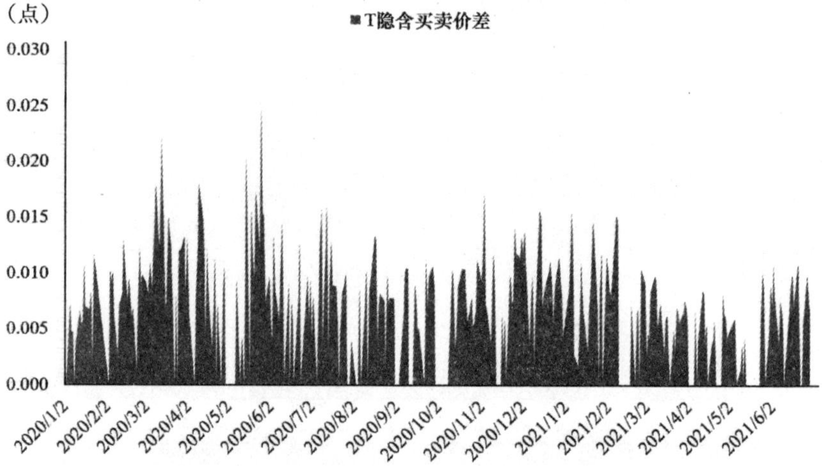

图 2-5　10 年期国债期货（T）主力合约每日隐含买卖价差

（2020 年 1 月 2 日至 2021 年 6 月 30 日）

数据来源：Wind 数据终端。

（四）隐含买卖价差方法的局限性

当可观测买卖价差显著集中于最小变动价位时，可以使用隐含买卖价差方法评估期货合约最小变动价位的合理性。但使用该方法有两个局限，一是使用该方法需要满足基本假设，即市场是有效性的，价格变动的随机过程是稳态过程。二是实际计算时，由于选取的样本不同，价格变动的自协方差计算数值有时不为负数，此时无法按照公式（2－6）计算隐含买卖价差。实际上，自协方差数值为负数的情况经常出现，此时常见的做法是将自协方差取零。由于上述原因，交易所在评估最小变动价格的合理性时，通常将隐含买卖价差方法和其他方法配合使用。

四、其他考虑因素

不论是上市前使用标的资产和相关期货来估算最小变动价位，还是上市后依据隐含买卖价差估算最小变动价位，两种方法都主要基于市场成本因素来设计最小变动价位。除了该因素外，交易所在实际确定最小变动价位时，通常不会直接使用测算结果，还会综合考虑交易者的策略交易需求和做市商做市需求。

（一）同类产品的最小变动价位需要保持一致或呈倍数关系

为了便于投资者进行跨产品策略交易，相关品种的最小变动价位应该尽量保持一致或呈倍数关系。以国债期货为例，不同期限国债期货的最小变动价位一般呈倍数关系，比如：德国长期国债期货的最小变动价位是短期国债期货的2倍；美国5年期国债期货的最小变动价位是2年期国债期货的2倍，美国10年期国债期货的最小变动价位是5年期国债期货的2倍。之所以采用这种设计，是因为跨产品曲线策略是国债期货的常见交易策略，若不同品种国债期货的最小变动价位不是整数倍，会给组合交易指令设计增加难度。具体来说，假设2年期国债期货的最小变动价位是0.002点，而5年期国债期货的最小变动价位是0.005点，那么2年期与5年期跨产品组合指令的最小变动价位则需要设成0.002点和0.005点的最小公倍数0.01点，才能保证组合指令达成的合约成交价和其他方式成交的合约价格保持一致。如果不按倍数规则设计，比如将组合指令的最小变动价位设为0.002点，则有可能出现5年期国债期货的成交价是100.002点的情况。但若将组合指令的最小变动价位设计成两个合约最小变动价位的公倍数0.01点，则该最小变动价位过大，交易者会更倾向于将曲线策略组合中的两条“腿”分别成交，降低市场参与者使用组合指令成交的积极性。

（二）较大的最小变动价位可以鼓励做市商提供流动性

做市商是流动性提供者，在产品上市初期以及对于流动性较为分散的产品极为重要。做市商的义务是对期货合约进行持续报价，通过赚取买卖价差获利，最小变动价位影响做市商的获利空间。如果最小变动价位过小，做市商获利较困难，其做市积极性会下降。因此，当交易所计划为产品设置做市商机制时，应该结合做市商的需求设置最小变动价位，不宜在产品上市初期将最小变动价位设置得太小。

第四节 持仓限额的设置与管理

狭义的持仓限额，是指交易者可以持有的最大合约数量。持仓限额是交易所管理集中度风险和逼仓风险的工具。持仓限额制度最早出现于1917年的美国市场，为防止第一次世界大战期间食品市场被操纵，美国玉米期货合约引入了50万蒲式耳①的持仓限额。此后，经过100年的发展，持仓限额制度已经从狭义的持仓限额向外扩展。从全球市场来看，当前的持仓限额制度体系不仅包含狭义的持仓限额，还包含持仓责

① 蒲式耳（Bushel）是英美对谷物的计量单位，蒲式耳与千克的转换在不同农产品之间是不同的。

任报告制度和大户报告制度。近年来，欧美法律对商品期货持仓限额的监管逐渐加强，但对金融期货持仓限额的规定依然较为宽松，欧美主流交易所对部分金融期货合约不设持仓限额，而我国期货市场不论是对商品期货还是对金融期货均设置了持仓限额。为了理解交易所如何决定持仓限额水平，首先需要分析持仓限额制度的本质作用。

一、持仓限额的作用

按照实施合约月份的不同，持仓限额可以分为一般月合约持仓限额和交割月合约持仓限额①。这两类持仓限额在风险管理上起不同的作用：一般月合约设置持仓限额主要有两个作用，一是防范投机者操纵市场价格，二是控制集中度风险（Concentration Risk）②。而交割月持仓限额除了可以起上述两个作用外，更重要的作用是防范实物交割的逼仓风险。

价格操纵风险和集中度风险都出现在期货市场流动性不好时，若市场参与者持仓规模大到可以影响期货价格，则市场参与者可能出于盈利目的扭曲期货价格，从而引发价格操纵的风险。价格操纵风险因市场操纵者主观的恶意而产生，但即使市场参与者没有操纵市场的意图，如果持仓集中度较大，当该持仓较大的市场参与者违约时，交易所也可能无法及时以合理的价格处置市场参与者的持仓，从而导致集中度风险。

逼仓风险主要发生在实物交割的期货品种上，且以“多逼空”最为常见。当期货多头持仓规模较大，而可交割标的资产的规模相对有限，那么到期交割时，期货空头可能没有足够的标的资产进行交割，只得不计成本地进行期货平仓，导致期货价格扭曲。历史上出现过多次因

① 虽然被称为交割月持仓限额，但是该持仓限额可能在合约临近交割月时就开始实施，比如对于 3 月到期交割的合约，可能在 3 月之前的一周就开始适用交割月持仓限额。

② 集中度风险有两种表现，一是持仓规模较大的交易者平仓可能会导致市场价格偏离；二是如果持仓规模较大的交易者违约，交易所可能无法及时以合理的价格处置其持仓。

持仓限额机制缺失而导致的期货逼仓事件，比如 2001 年欧洲期货交易所（Eurex）发生的德国中期国债期货（BOBL Futures）逼仓事件①，2022 年 3 月伦敦金属交易所（London Metal Exchange，简称 LME）的镍期货逼仓事件。这些事件中涉及的期货合约均没有设置持仓限额，因此出现了逼仓。

在少数情况下，逼仓也可能会发生在现金交割的期货品种上，或是由实物交割期货的期货空头造成，比如当资金市场流动性不足，需要支付现金的一方可能无法及时缴足货款或是现金交割，出现期货多头被期货空头逼仓或被现金交割盈利方逼仓的现象。

概括而言，市场操纵风险和集中度风险是期货市场本身流动性不足导致的，而逼仓风险的源头是标的资产存量不足或流动性不足。因此，监管机构和交易所在设置持仓限额时，应根据其需要起的作用，对一般月合约和交割月合约采取不同的持仓限额。

二、判断是否需要设置持仓限额的方法

持仓限额可以降低价格操纵和逼仓风险，但会限制市场参与者持有的期货或期权合约规模②，可能使其交易需求得不到充分满足，因此很多市场参与者并不支持交易所设置持仓限额。对于是否必须设置持仓限额，境内外交易所所持的态度也不同。我国境内期货交易所均对期货和期权产品设置了持仓限额，但境外很多交易所并没有严格的持仓限额制度，比如 CME 集团对其上市的大部分现金交割的股指期货就没有持仓限额，仅设置了交易报告要求，即交易者在持仓超过一定规模后需要向

---

① Piers Townsend, 26 March 2001, "Deutsche Bank makes 50 millions from Bobl squeeze", Financial News.

② 持仓限额主要针对投机交易者，对于有风险管理需求的交易者，交易所通常给予其持仓限额豁免，允许其持仓超过持仓限额。

交易所报告。Eurex① 虽然对交割月的国债期货设置了持仓限额，但是持仓限额仅适用于期货多头，对国债期货空头不设持仓限额。

总之，是否设置持仓限额，是否需要区别对待参与者，以及是否需要区别对待交割月合约和非交割月合约都取决于交易所的风险管理偏好。但交易所设置持仓限额时通常会考虑以下几点：第一，如果合约采用实物交割，考虑到交割月份存在逼仓风险，则在设置持仓限额时需要区别对待一般月合约和交割月合约；第二，如果期货合约流动性较好，交易者操纵市场的风险和集中度风险较小，则对一般月份合约可以不设置持仓限额；第三，如果合约采用实物交割并且标的资产市场流动性不好，则存在逼仓风险，需要对交割月份合约设置持仓限额。图 2－6 显示了设置持仓限额的基本逻辑流程。

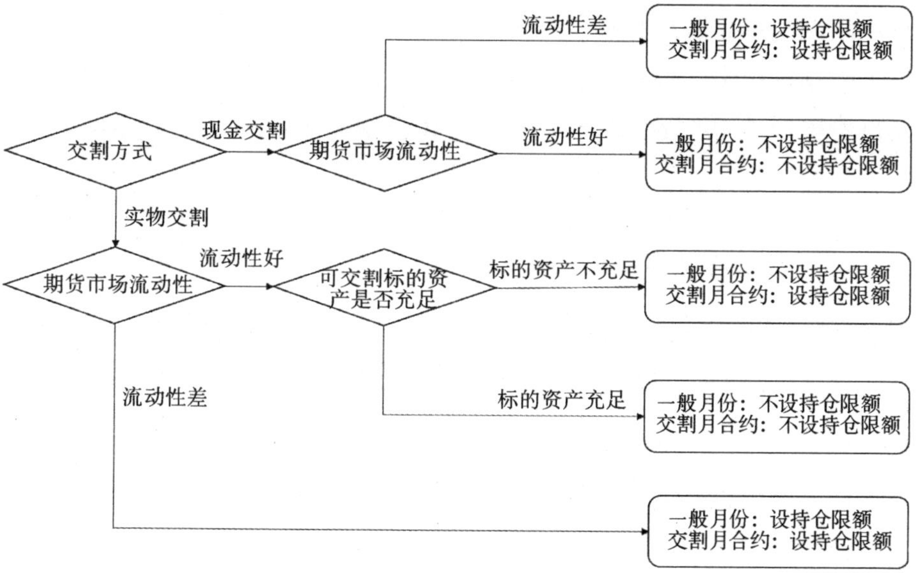

图 2－6 设置持仓限额的逻辑流程

① Eurex 会不定期对个别流动性不好的国债期货品种设定一般月份的持仓限额，比如 2018 年 8 月对法国长期国债期货设置了持仓限额，2019 年 6 月又对意大利中期国债期货设置了持仓限额。

虽然持仓限额在境外市场的应用并不像境内这样普遍，但是我们也可以看到，近年来境外持仓限额监管要求以及境外交易所的持仓限额实践有向我国靠拢的趋势。比如美国 CFTC 在监管规定中扩大了必须设置持仓限额的商品期货范围，原来美国 CFTC 只要求对以 9 种核心农产品为标的的实物交割衍生品设置持仓限额，现在必须设置持仓限额的商品衍生品标的已扩大到了 25 个①。2022 年 3 月镍期货逼仓事件后，LME 对镍期货等金属期货品种也增设了持仓限额。

三、持仓限额监管的国际经验

实践中，我国境内期货交易所均对上市的期货、期权设置了持仓限额，但在法律层面，我国的监管机构并未对交易所如何设置持仓限额进行强制性规定。欧洲和美国则是在法律层面对商品衍生品的持仓限额进行了强制性规定，但对于股指期货、国债期货等金融衍生品，欧盟法律并没有强制规定，美国的联邦规则是要求交易所自行对金融衍生品设定持仓限额。

（一）美国持仓限额监管规定

美国是最早实施衍生品持仓限额制度的国家——美国《商品交易法（Commodity Exchange Act，简称 CEA）》在 1936 年颁布时就明确指出，期货品种的“过度投机”会导致期货价格出现不合理的波动或无根据的变化，这是一种不必要的市场负担，因此，美国 CFTC 制定了交易持仓限额，以减少、消除或防止此类负担的出现②。随后的 80 年里，持仓限额制度的监管法律进行过多次修改，影响较大的一次修改是

① Commodity Futures Trading Commission, 14 January 2021, “Position Limits for Derivatives”, Federal Register Vol. 86, No. 9.

② Dan M. Berkovitz (Commodity Futures Trading Commission), 28 June 2009, “Testimony of General Counsel”.

2000年的《商品期货现代化法案》。该法案明确将“持仓责任报告(Position Accountability)”作为投机持仓限额的补充手段，两者同时构成了当前美国市场持仓管理制度。持仓责任报告，是指当交易者的持仓超过了持仓责任报告的门槛后，需向交易所报告其持仓、交易策略以及套期保值交易信息。

目前的美国联邦法规对不同类型的金融衍生品设定了不同的持仓限额规定，对于商品衍生品，CFTC直接对25类实物交割的商品衍生品的持仓限额数值进行规定，25类核心商品衍生品包括以9类核心农产品为标的[①]衍生品、以7类非核心农产品为标的的衍生品、以5类金属为标的的衍生品和以4类能源产品为标的的衍生品。比如规定芝加哥期货交易所（CBOT）玉米和迷你玉米合约的交割月持仓限额为1200手；对于市场流动性较好且可交割货币充足的主要“货币对”外汇合约，CFTC没有设置持仓限额要求，交易所也可以不设置持仓限额要求；对于其他商品期货和金融期货，交易所需要自行设定持仓限额，并由CFTC对交易所持仓限额相关规则措施进行定期检查。

CFTC虽然未在联邦法规中对其他商品衍生品和金融衍生品的持仓限额数值进行规定，但规定了基本的计算方法，具体规定见表2-6。

表2-6 美国其他商品期货和金融期货持仓限额计算方法

时间	计算方法	
交割月	实物交割	当月可供交割量×25%
	现金交割	将合约或现货价格操纵扭曲降至最低所需的水平
一般月份/所有月份	—	期货最近一年月均持仓的10%、25000手两者之间的较低者，其后可每年以2.5%比例递增 综合考虑投机者的日常持仓量、现货市场流动性、期现套利机会来确定

① CFTC在选取核心品种时主要参考了品种持仓规模、大户报告主体数量、市场波动程度等因素，9种核心农产品为玉米、大豆、燕麦、小麦、豆油、大豆粉、硬春小麦、棉花、硬冬小麦。

对于刚上市的合约，由于还没有稳定的持仓数据，持仓限额的设计标准也有所调整，具体见表2－7。

表2－7　美国其他商品期货和金融期货新上市合约持仓限额计算方法

时间	计算方法	
交割月	实物交割	当月可供交割量×25%
	现金交割	将合约或现货价格操纵扭曲降至最低所需的水平
一般月份/所有月份	有形商品	1000手
	能源及无形商品	5000手

新上市合约和已上市一段时间的合约持仓限额的设定方法主要区别在于一般月份合约的持仓限额由于新上市合约尚没有交易，无法以持仓量作为持仓限额计算的依据，因此，CFTC直接规定了两个数值——1000手和5000手。

（二）欧盟持仓限额监管规定

2018年1月3日生效的欧盟《金融工具市场指令Ⅱ（Markets in Financial Instruments Directive Ⅱ，简称MIFID Ⅱ）》规定了商品衍生品持仓限额要求。具体的持仓限额数值由欧盟各国的监管机构负责设定，并在征求欧洲证券及市场管理局（ESMA）意见后公布，交易所设置的持仓限额不得低于该规定。对于金融衍生品，MIFID Ⅱ未强制要求各国设定持仓限额，因此在欧盟各成员国层面，英国金融行为监管局（Financial Conduct Authority，简称FCA）和法国金融市场监管局（Autorité des marchés financiers，简称AMF）等监管机构都只规定了商品期货持仓限额，允许交易所自主设定金融期货的持仓限额。

除了要求各国对商品衍生品设定持仓限额，为了保证欧盟各国的金融监管机构在设定持仓限额时使用统一标准，防止监管套利，MIFID Ⅱ也对持仓限额计算方法进行了规定，要求各国监管机构在设定商品期货持仓限额时考虑七个要素：

（1）合约月份；

（2）可交割标的商品的市场供应量；

（3）期货持仓量以及和该期货交割标的相同的其他期货的持仓量；

（4）相关市场的市场波动，包括标的商品市场的波动性以及替代期货市场的波动性；

（5）交易者数量和规模；

（6）标的商品的特征，包括该商品的生产模式、消费和运输；

（7）新合约的上市。

除了进行上述原则性规定，欧盟也出台了技术标准[①]，对如何设定持仓限额数值进行了详细的规定。根据该技术标准，欧盟各国的金融监管机构需要对农产品期货的持仓限额设定一个基础值，该基础值的计算方式详见表2－8。

表2－8　欧盟商品期货已上市合约持仓限额计算方法

时间	计算方法		
交割月	实物交割	标的商品不属于食品	可供交割量×25%
		标的商品属于食品	可供交割量×20%
	现金交割		持仓量×25%[②]
非交割月			持仓量×25%

在该基础值之上，金融监管机构可以根据合约品种的性质，对持仓限额基础值进行调整。最终的持仓限额是可供交割量的5%～35%。如果商品期货的标的商品属于食物，则其持仓限额要求要比一般商品的规定更严格，最终持仓限额为可供交割量的2.5%～35%，因为食品关乎国计民生，如果发生价格扭曲或者逼仓，社会影响更大。

对于新上市或者流动性较差的合约，持仓限额基础值的计算要求略有不同，具体见表2－9。

① ESMA, 19 November 2021, Final report – Technical standards for commodity derivatives.

② 该品种所有月份合约的持仓量。

表 2-9　　欧盟商品期货新上市合约持仓限额计算方法

类别	计算方法
持仓量 <1 万手	2500 手
1 万手≤持仓量 <2 万手	持仓量 ×5% 至持仓量 ×40%

由表 2-9 可以看出，对于新上市和流动性较差的合约，欧盟不区分交割月和非交割月合约。即使某合约可交割标的规模较大，但是其持仓规模小于 1 万手，那么其持仓限额的基础值依然为 2500 手，而非按照可供交割量来计算持仓限额。

对比欧美两地对持仓限额计算的监管规定，两地的监管要求有相似之处，比如对于实物交割的商品期货的交割月合约，美国持仓限额和欧盟持仓限额基础值均为可供交割量的 25%，但也存在差异。对于现金交割合约的持仓限额，欧盟的规定更为直接，持仓限额的基础值设为持仓量的 25%，而美国规定为月均持仓的 10% 或是 2.5 万手中的较低者。但美国和欧盟都给予了持仓限额的最终设置者（交易所或欧盟各国监管当局）一定的自由裁量权。

四、实物交割期货持仓限额的实际考虑要素

对于实物交割的期货和期权，不论其标的是商品还是金融资产，都可能面临逼仓风险，因此除了设置一般月份持仓限额，也需要设置交割月持仓限额。如果没有法律的强制规定，交易所应该根据标的资产市场情况和衍生品合约市场流动性设置持仓限额数值，通常应该考虑以下因素。

（一）一般月份持仓限额和交割月份持仓限额的不同作用

交易所行业在设定持仓限额时的共识是，交割月持仓限额主要为了防止逼仓，应该基于可交割实物的市场规模进行设置，因此，欧盟和美

国监管要求都将商品期货的交割月份持仓限额设定为全市场可供交割量的一定比例。一般月份合约持仓限额的主要作用是防止市场被操纵，一般是基于期货市场流动性情况设置，比如基于市场总体持仓量，对一般月份合约设置持仓限额。

（二）合约展期需求

对于可交割量规模远大于持仓规模的合约，一般月份持仓限额的设定还需考虑合约展期的需求，避免一般月份合约持仓限额和交割月合约持仓限额差异过大。如果一般月份和交割月限额差异过大，比如交割月合约持仓限额远小于一般月份合约持仓限额，交易者可能被迫需要提前转仓，使交割月合约过早丧失流动性。

（三）是否以持仓净额计算持仓限额

欧美交易所基于多空轧差之后的净持仓计算持仓限额，而我国境内期货持仓限额的计算基于单边持仓。如果计算持仓限额时的基准不同，即使持仓限额数值相同，交易者实际可持有的合约数量也相差较大。假设国债期货持仓限额为 2000 手，当以净持仓计算持仓限额时，同时持有 10000 手国债期货空头和 9000 手国债期货多头的交易者符合持仓限额要求，但如果以单边持仓计算持仓限额，则该交易者超过了持仓限额要求。以交易者的单边持仓判断其干扰市场和逼仓的能力，有可能导致集中度风险和逼仓风险被过分高估。

（四）对相同标的的期货和期权合并限仓

合并限仓是指对于和期货标的相同的期权，通过 delta 将期权的持仓折算为期货持仓，然后和期货持仓合并计算持仓限额。比如对于原油期货期权，其标的是原油期货，该期权和原油期货合并限仓，假设原油期货期权多头持仓的 delta 是 0.5，那么 10 手原油期货期权应该折算为 5 手期货，然后和期货持仓一起计算持仓限额。如果不实施期货和期权合并限仓，而是对期货和期权分别限仓，期权行权会给交易者造成一定困扰，因为期权[①]行权可能会使交易者期货持仓增加，导致交易者期货被动超仓。期货和期权合并限仓是境外交易所行业通行的做法。虽然国内衍生品交易所尚没有对期货和期货期权实施合并限仓，但从行业发展趋势上看，合并限仓是行业发展方向。

第五节　确定每日价格波动限制

每日价格波动限制还有另一个更为人熟知的名字——涨跌停板。涨跌停板属于交易限制措施的一种，目前境内外证券交易所和衍生品交易所常见的交易限制措施有两种[②]：一是交易暂停，即市场价格的变化幅度达到一定范围时暂停交易一段时间，熔断机制就是一种交易暂停；二是价格限制，即要求成交价格在一定范围内，申报价格超过限制价格的订单无法成交，我国金融市场的涨跌停板制度就属于价格限制。

一、价格波动限制的作用

涨跌停板制度首先出现在美国市场。1987 年美国股灾发生之后，美国股票和股指期货市场引入了涨跌停板制度，旨在提高市场稳定性。涨跌停板是典型的交易前风控制度。交易所利用涨跌停板制度限制市场价格过度波动，提高投资者理性程度，防止市场因为恐慌情绪而出现过

① 目前，我国期货交易所上市的实物交割的期权主要是期货期权，比如原油期权的标的是原油期货合约。因此，看涨期权行权后，期权买方按行权价格获得原油期货多头持仓，卖方按同一行权价格获得期货空头持仓。

② Chou, P－H, M－C Lin and M－T Yu, 2005, "Risk Aversion and Price Limits in Futures Markets", Finance Research Letters, 2: 173－184.

度下跌的风险。对于衍生品市场，涨跌停板制度主要有两个作用：一是防止出现非理性价格；二是限制单日最大损失。

从理论上讲，作为市场组织者的交易所应该允许金融市场自由交易，不设置涨跌幅限制，市场应该能够自发调节，促进供需达到均衡状态，形成真实反映价值的价格信号，从而充分发挥资本市场的价格发现和资源配置功能。但在市场实际运行中，投资者往往会表现出非理性决策，资金流动也会受到各种因素的制约，因此不可避免地会出现“市场失灵”。因为“市场失灵”情况的存在，交易所就有必要设置涨跌停板，在“市场失灵”时控制价格变动幅度，让市场“冷静”下来。

除了控制非理性价格，对于衍生品交易，涨跌停板还有限制单日最大损失的作用。涨跌停板制度在一定程度上限制了保证金追缴给亏损方带来的流动性压力，防止交易者因暂时的流动性不足而违约。与现货交易不同，衍生品交易采取每日盯市形式，即每日日终结算时，亏损方将损失以变动保证金（Variation Margin）① 的形式支付给中央对手方，再由中央对手方以变动保证金的形式支付给盈利方。如果当日期货价格变化较大，则亏损方需要支付大额变动保证金。一般情况下，变动保证金必须以现金形式缴纳，亏损一方可能因暂时的流动性困难而无法足额缴纳保证金，从而导致违约。如果存在单日价格波动限制，期货合约在单日内的亏损是有限度的，这给予了投资者筹措资金的时间，保证了流动性。

对于涨跌停板的必要性，境内外交易所的看法并不一致。境内期货交易所普遍对期货和期权合约设置了涨跌停板，但是境外交易所并没有对所有期货和期权品种实施涨跌停板制度，比如欧洲洲际交易所（ICE Futures Europe）上市的英国国债期货就没有设置涨跌停板。但是近年来，由于风险事件频繁出现，境外对涨跌停板制度必要性的态度也在转变，境外交易所也开始在其合约上增设了价格变动限制。2022 年 3 月

① 即我国期货交易所的盯市盈亏。

伦敦金属交易所（London Metal Exchange，简称 LME）发生的镍期货风险事件导致了这家历史悠久的交易所首次对镍期货设置了涨跌停板。

2022 年 3 月 8 日，LME 镍期货价格在短短几小时里翻倍，暴涨至 10 万美元/吨以上，LME 不得不暂停镍期货交易并宣布当日交易无效。导致镍期货价格暴涨的原因是期货多头的逼空行为。当时，市场普遍猜测我国的青山控股集团持有大量镍期货空头。青山控股集团主营不锈钢生产和镍矿提纯，镍矿是其重要的原材料，青山控股因此通过持有镍期货空头的方式进行风险管理。虽然是全球主要的镍资源拥有者之一，但青山控股集团的主要产品是镍铁和高冰镍，而 LME 镍期货的可交割标的是镍板和镍豆，青山控股持有的镍现货无法直接用于 LME 镍期货交割。当市场上可交割镍现货供给充足时，青山控股集团可以通过现货置换解决逼空危机，但是时值俄乌冲突，作为镍最大出口国的俄罗斯受英国政府的制裁，全球镍供给受到影响。市场投机者认为青山控股集团无法筹集到足够的镍现货进行交割，因此建立了大量镍期货多头持仓进行逼空，使得镍期货价格在 2022 年 3 月经历了暴涨和暴跌。

本次市场异动发生后，LME 意识到价格波动限制的重要作用，在 3 月 11 日恢复交易后，对镍期货施行了 5% 的涨停板。除了镍期货外，LME 也对其他基本金属，包括铝、铜、铅、锡和锌，实行了 15% 的涨跌停板，这是 LME 自创立以来首次对期货合约实施价格波动限制。

虽然学术界有观点[①]认为涨跌停板会影响价格发现效率，但是从交易所实践的角度，涨跌停板控制非理性交易行为的效果非常显著。除了防止非理性价格出现，涨跌停板在限制交易者单日亏损规模方面的作用也非常重要，可以降低交易者因无法及时补交保证金而违约的风险。

① Reiffen, David and Buyuksahin, Bahattin and Haigh, Michael Stephen, 2006, " Do Price Limits Limit Price Discovery in the Presence of Options?"

二、价格波动限制设计原则和测算方法

涨跌停板幅度的设置目标是避免极端市场情况下，价格在1天内出现不合理的波动，因此确定涨跌停板的关键在于确定不合理的单日波动水平阈值，该数值就是涨跌停板幅度。设定涨跌停板需要遵循三个原则：第一，关注可能性最低且最极端的市场情况，因为交易所的目标是避免因市场恐慌而出现非理性价格。第二，避免涨跌停板被频繁触及，避免涨跌停板影响价格发现功能。超过涨跌停板的价格波动应是极端条件下非理性的结果，如果涨跌停板被频繁触及，则说明涨跌停板幅度设置得过小，抑制了正常的价格发现。第三，保持涨跌停板幅度的相对稳定，避免频繁对涨跌停板幅度进行调整。

在实践中，交易所通常使用压力测试（Stress Test）的方法来估算合理的涨跌停板水平。压力测试是一种基于场景的方法，具体来说就是交易所计算期货或期权在每个压力场景下的价格，以此作为确定涨跌停板幅度的依据。

压力测试的关键在于构造压力场景。按照压力场景是否真实发生，压力场景的来源可以分为两类：一是实际压力场景，来源于真实发生的风险事件，国际上常用的真实压力场景包括2008年金融危机和2010年的欧洲主权债务危机；二是构造出的虚拟压力场景，这类场景并没有真实发生过，但是基于真实发生的压力事件构造得到，之所以要人为构造压力场景，是因为历史并不会重演，并且事前风险评估通常会低估风险，所以有必要在现实基础上增加虚拟的压力场景。比如设计针对利率互换的压力场景时，可以基于收益率曲线的实际变化，增加收益率曲线平移、翻转和扭曲的虚拟场景。

按照压力事件的影响范围，压力场景还可以分为广泛性影响的压力场景和对特定资产有影响的压力场景。比如2008年全球金融危机和2022年美联储连续大幅加息都属于广泛性压力场景，这类压力场景对

各类资产价格都造成了影响，因此设置不同产品的涨跌停板范围时都会用到，比如，股指类和利率类衍生品都会使用2008年全球金融危机作为压力场景。

针对特定资产的压力场景，只对特定类型的期货、期权合约有影响，比如央行改变货币政策，该压力事件主要用于汇率和利率衍生品的压力测试。但是需要说明的是，压力场景的影响不能一概而论，比如通常而言，央行加息主要影响利率和汇率，但是2022年美联储大幅连续加息属于对全球资产价格造成广泛影响的压力事件，因此，大宗商品、股票、利率和汇率衍生品的压力测试均需要考虑该压力场景。

三、实践中如何通过压力测试确定价格波动限制

设定价格波动限制分为三步，包括：选取压力场景（实际压力场景和虚拟压力场景）；计算压力场景下期货或期权合约的单日价格波动；处理计算结果并最终确定价格波动限制数值。上述步骤中以选取压力场景最为重要。下面使用超长期国债期货作为例子来解释如何使用压力测试设置涨跌停板。

（一）选取历史压力场景

为了能够充分反映当期市场情况并覆盖尽量多的压力事件，交易所在进行压力测试时通常以近十年为时间窗口选取压力场景。但是，考虑到随着时间的推移，一些有代表性的重要风险事件可能会从时间窗口中消失，比如2008年全球金融危机距离2022年已经过去14年。考虑到该风险事件十分具有代表性，应该被纳入压力测试，因此，交易所会将这些虽然在时间窗口之外但是重要的风险事件纳入压力测试的场景。

按照该标准，当交易所需要在2022年为超长期国债期货设置涨跌停板时，应该以2012—2022年作为时间窗口挑选压力场景，同时增加

了2008年全球金融危机场景。在该时间窗口内，交易所识别出了8个影响超长期国债期货的压力场景，详见表2－10。

表2－10 真实压力场景下超长期国债期货价格变动

场景	事件	日期	30年期国债收益率（%）	收益率变化（bp）	超长期国债期货修正久期	超长期国债期货价格变动比例（%）
1	全球金融危机，雷曼兄弟破产	2008年5月7日	4.50	16	13.57	－2.17
		2008年9月16日	4.39	－13	13.94	1.81
		2008年10月7日	4.05	－24	15.18	3.57
		2008年10月8日	3.85	－20	15.96	3.19
		2008年10月9日	3.60	－25	17.01	4.25
		2008年10月17日	3.85	14	15.96	－2.31
2	宽松政策预期	2014年10月24日	4.30	－14	14.25	1.99
3	央行降息	2014年11月24日	3.97	－17	15.47	2.70
4	美联储加息＋去杠杆＋货币基金遭遇赎回＋银行间市场爆发信用风险事件	2016年12月15日	3.80	17	16.15	－2.77
5	央行定向降准	2018年4月18日	3.98	－14	15.47	2.14
6	30年期国债招标结果不佳，市场对地方债供给压力增加，担忧升温	2018年8月17日	4.23	15	14.53	－2.18
7	COVID－19疫情暴发后开盘首日	2020年2月3日	3.43	－15	17.79	2.66
8	全球债券收益率跌至阶段新低，美国10年期国债期货触及上涨上限，触发熔断	2020年3月9日	3.14	－16	19.11	3.08

数据来源：Wind数据终端。

在这些真实的压力场景下，超长期国债期货的单日价格变动在1.81%至4.25%之间。

（二）构造虚拟压力场景

除了实际发生的压力场景，还需要构造虚拟压力场景来弥补历史压力场景的不足，常见的构造方法是使用相关产品。在以下案例中，交易所使用5年期、10年期国债交易数据构造虚拟的超长期国债收益率变动压力场景。首先，分别选取5年期国债期货振幅最大的3个场景和10年期国债期货振幅最大的3个场景，并假设收益率曲线在当天会发生水平移动，即超长期国债收益率会发生和5年期或10年期收益率相同幅度的变动，然后使用30年期国债的修正久期（Modified Duration）对收益率曲线平移造成的超长期国债期货价格变动进行估算，使用的虚拟场景和相应国债期货价格变动幅度见表2－11。

表2－11　　6个虚拟场景下超长期国债期货价格变动幅度

场景	虚拟场景来源	超长期国债期货价格振幅（%）
场景1	2020年4月7日，5年期国债结算价振幅0.94%	3.13
场景2	2016年12月21日，5年期国债结算价振幅0.99%	3.48
场景3	2016年12月15日，5年期国债结算价振幅1.08%	3.84
场景4	2020年2月3日，10年期国债结算价振幅1.43%	2.67
场景5	2016年12月21日，10年期国债结算价振幅1.50%	2.89
场景6	2016年12月15日，10年期国债结算价振幅1.73%	3.39

数据来源：Wind数据终端。

在构造出的虚拟压力场景下，超长期国债期货价格变动幅度在2.67%至3.84%之间。

本案例构造的虚拟场景较为简单，如果是针对利率互换产品的压力测试，除了要考虑收益率曲线的平移，还需要考虑收益率曲线形状的变化，比如收益率曲线翻转、变平和变陡。

（三）结合虚拟场景和历史场景确定涨跌停板

在计算获得了各个压力场景下超长期国债期货价格变动幅度后，并不能简单地以变动最大值作为涨跌停板，因为某些压力场景下的波动可能过于极端，发生概率极低，据此设置涨跌停板将不能有效限制非理性价格。交易所在最终确定单日价格波动限制时，需要综合考虑所有测算结果，根据自身经验对何为极端但可能的价格波动做出判断。交易所常用的做法包括专家判断法和加权平均法。

如果选择依靠专家判断，交易所一般会估算非压力场景下，期货或期权合约价格的波动水平，然后比较压力场景下极端波动水平和正常市场波动水平。比如，结合表 2－10 和表 2－11 的压力场景分析可知，在全球金融危机场景中，超长期国债期货的价格波动最大，价格变动幅度达 4.25%。除该场景外，其他历史压力场景和虚拟压力场景下超长期国债期货价格的极端变动都低于 4%。而相同时期 99% 的单日价格变动的 VaR 值在 1.5% 附近，因此，交易所可能会认为金融危机场景下的价格变动过于极端，在设定涨跌停板时不予考虑。

除此之外，交易所还可以采用加权平均法，即按照场景的重要性水平或场景发生时间[①]的远近，分配不同的权重，然后计算价格振幅的加权平均值，以此作为涨跌停板幅度。但是，在实践中，并不推荐按照时间分配权重，因为这种方法缺乏对具体事件的分析，有违使用压力测试方法评估极端价格变化的初衷。

① 对虚拟场景则可以按照构造该虚拟场景的原始场景的发生时间分配权重。

第三章

交易所风险管理

对于使用外部独立清算所的交易所而言，因为交易所本身不承担中央对手方职责，在结算会员违约的情况下，并没有弥补亏损的义务，交易所风险主要是经营风险、操作风险和法律风险。但在现代交易所行业，综合型交易所往往内设结算部或下设清算子公司，承担中央对手方职责，风险管理更加复杂和多样。作为中央对手方的交易所本身虽然并不直接面临市场价格风险，但却聚集了所有结算会员的对手方信用风险。概括而言，综合型交易所面临的主要风险包括系统性风险、法律风险、对手方信用风险、流动性风险、托管和投资风险、操作风险和经营风险。本章将基于综合型交易所进行风险管理讨论。

第一节 综合型交易所风险管理的四道防线

在对交易所各类风险管理工具进行详细说明之前，有必要对交易所风险管理框架进行概括性介绍。《金融市场基础设施原则》要求中央对手方至少需要考虑系统性风险、法律风险、对手方信用风险、流动性风险、托管和投资风险、操作风险和经营风险共七种风险。但综合型交易所除了有中央对手方身份，还是一家运营实体，因此，交易所除了需要应对和中央对手方业务有关的风险，也需要应对和其他金融机构一样的风险。实践中，按照风险来源可以将综合型交易所管理的风险分为五大类，分别是金融相关风险、运营和业务连续性相关风险，经营战略相关风险、文化和人力相关风险、法律和合规相关风险。每个风险大类下具体包含的风险类型示例见表 3－1。

表 3－1　　综合型交易所管理的风险类型

金融相关风险	运营和业务连续性相关风险	经营战略相关风险	文化和人力相关风险	法律和合规相关风险
系统性风险	技术风险	经营风险	文化风险	法律风险
市场风险	业务连续性风险	声誉风险	人力资源风险	监管和合规风险
信用风险（包括来自会员的信用风险和来自结算银行的信用风险）	信息和网络攻击风险	ESG 风险		公司治理风险
对外投资风险（包括使用自有资金投资的风险和使用员工企业年金投资的风险）	安保风险	地缘政治风险		舞弊风险
流动性风险	第三方风险			金融犯罪风险
支付、结算和托管风险	操作风险			财报和税收风险

续表

金融相关风险	运营和业务连续性相关风险	经营战略相关风险	文化和人力相关风险	法律和合规相关风险
模型风险	数据管理风险			
顺周期风险				

根据市场的特点，交易所可能还需要管理表3-1所列的风险类型之外的风险，比如一些处在高通胀地区的交易所可能还需要管理通货膨胀风险，而处在恐怖袭击较为频繁的地区的交易所还需要管理和恐怖袭击相关的风险。总之，交易所面临的风险复杂且多样，和一般的运营实体一样，交易所会建立内控制度来管理各类风险，但交易所风险控制框架中最有特色的是使用四道防线来逐层抵御风险，包括会员准入和管理、保证金制度、结算担保金制度和交易所自有财务资源和临时流动性救济。

一、第一道防线——会员的准入和管理

会员的准入和管理是交易所风险控制的第一道防线。会员准入和管理包括制定结算会员标准、会员资格审核、对会员资格的持续监控、会员退出机制等。会员资格审核是事前风控机制，交易所应该仅允许财务稳健、公司治理良好且风控制度健全的机构成为其结算会员，较高的会员标准可以有效控制来自结算会员的对手方信用风险。

具体来看，交易所需要从财务质量和运营质量两方面来考核一个实体是否有资格成为会员。财务质量考核要素包括资产质量、资本充足度、负债水平、流动性情况、盈利能力；运营质量考核要素包括运营环境、内控制度、风险管理制度和程序。对于有境外背景的实体，还需要考虑该实体所在国的监管环境和国别风险。交易所一般会建立一套打分体系，基于上述要素对申请成为会员的实体进行打分评价。

如果结算会员资格审核和持续监控确实有效，交易所甚至可以适当

放松对结算会员的保证金要求，相当于给予结算会员一定的授信。实际上，的确有交易所采用这种做法，比如欧美等地的交易所对衍生品交易通常不设置交易前保证金检查机制，即在交易达成前不会检查结算会员是否有足额的保证金，仅在合约进入清算环节时才检查会员保证金，如果保证金不足则进行追缴。未检查资金就允许交易者达成交易实际上等于对结算会员进行授信，授信的基础就是严格的会员准入机制。

但需要说明的是，虽然我国期货交易所的结算会员准入机制同样较为严格，但出于审慎原则，我国期货交易所没有交易前授信机制，交易所在交易达成前就会对交易者的保证金进行检查，如果保证金不足，则不能开仓。

二、第二道防线——保证金制度

保证金制度由“每日盯市制度（Mark - to - Market）”和“初始保证金（Initial Margin）制度”① 两部分构成。每日盯市的目标是覆盖已经实现的损益，确保风险不累计，盯市损益在境外也称为“变动保证金（Variation Margin）”。而初始保证金的目标是覆盖未来 1 天至 2 天可能的市场价格变动。本书的后续章节会对保证金的基本概念和计算方法进行详细说明。

一般来说，衍生品交易的多空双方均需要缴纳初始保证金，但期权合约的保证金制度和期货、利率互换合约稍有不同。对于最为常见的证券式期权（Premium - style Option），即期权权利金在交易达成时支付的期权，期权买方在支付了期权权利金后，只有权利，而没有义务，不存在违约的可能，因此不需要缴纳保证金，也并不收取本书所讨论的变动保证金。但是对于期货式期权（Futures - style Option），即期权费在合

① 初始保证金是国际衍生品行业通常的说法，各国对这类财务资源的称呼是有差异的，国内期货交易所将初始保证金称为交易保证金。关于保证金的详细讨论见本书“对手方信用风险管理的灵魂——保证金”这部分。

约到期时才缴纳的期权，即使是期权买方，也需要缴纳变动保证金和初始保证金。目前，交易所上市的期权主要是证券式期权，因此本书对期权的讨论都是默认期权属于证券式期权。

期货和期权保证金的收取方式之所以不同，是因为两类衍生品交易在义务分配方面有所不同。期货进行实物交割时，期货合约的多头和空头均需要履行义务，期货空头需要交付标的资产，而期货多头需要支付购买资产的货款。即使期货合约采用现金交割，根据最终的标的资产价格，期货的空头和多头都可能有支付现金的义务，因此为了担保双方履约，双方都需要缴纳保证金。期权合约的多头和空头虽然也均有义务，但期权合约多头的义务在支付了期权权利金后就完成了，期权行权时，期权多头只有权利，没有义务。而期权空头在期权行权时，可能需要买入或者卖出标的资产，所以，为了保证履约，空头必须缴纳保证金。

高标准的初始保证金要求能够保证中央对手方在更为极端的条件下覆盖违约损失，但是过高的初始保证金也会增加交易者的成本，降低市场的运行效率，因此设置保证金体现了安全与效率的权衡。国际通行的做法是令初始保证金能够吸收常规市场条件下的违约损失，然后专门设立结算担保金以覆盖市场处于极端条件下的尾部风险。

三、第三道防线——结算担保金制度

结算担保基金是结算会员集体缴纳的风险共担基金，其作用是在违约发生后，弥补由于违约造成的损失。全球范围内，各家中央对手方对于这类财务资源并没有统一的称呼，在我国称为结算担保金，在境外还称为担保基金（Guarantee Fund）、清算基金（Clearing Fund）或违约基金（Default Fund）。

所有结算会员都有缴纳结算担保金的义务，在结算会员申请获批后，申请机构通常需要立刻足额缴纳结算担保金。结算担保金的总体规模根据中央对手方的风险敞口确定，中央对手方需要定期计算风险敞口规模以评估结算担保金规模的合理性。结算担保金制度充分体现了中央对手方的风险共担作用——结算担保金制度的存在实质上将所有结算会员的对手方信用风险集中于中央对手方，然后再分散返还给各结算会员，类似于保险行业的风险分摊机制。由于结算担保金旨在覆盖极端情况下的尾部风险，交易所必须通过严格的压力测试确定其规模，考虑各种极端但可能出现的市场条件下结算会员违约带来的潜在损失。交易所可以只设置一个结算担保金，使用该结算担保金为交易所清算的所有产品提供财务担保。我国的期货交易所均采用这种做法。中央对手方当然也可以分别针对不同业务设置相互独立的结算担保金，比如 LCH（英国）[①] 分别对权益类产品、固定收益类产品和商品类产品设置了不同结算担保金，其目的是隔离风险，防止风险由一个市场向另一个市场外溢。是应该只设置一个结算担保金，还是分产品设置相互独立的结算担保金，交易所行业并没有统一的标准。一般的做法是，如果交易所按照产品区分结算会员，比如交易所存在只参与商品衍生品业务的结算会员和只参与股指衍生品业务的结算会员，那么应该分别设置结算担保金，以实现风险隔离。而如果交易所只有一类结算会员，那么可以只设置一个结算担保金，但也可以针对不同的业务线设置不同的结算担保金。

为了控制风险，结算担保金的规模通常较大，大部分以资金形式存在，且一般情况下结算担保金被调用的概率很低，因此虽然这部分资金属于结算会员，各国监管机构通常允许交易所对这部分资金进行再投资。但为了保证交易所在发生风险时可以迅速调用这些财务资源，监管机构要求结算担保金的投资标的必须是高流动性、低信用风险和低市场风险的资产。以欧洲市场为例，《欧洲市场基础设施监管规则（EMIR）[②]》

---

① LCH. Clearnet 集团下一共有两家分公司，分别是在英国设立的 LCH. Clearnet LTD 和在法国设立的 LCH. Clearnet SA。本书中分别用 LCH（英国）和 LCH（法国）进行区分。

② EMIR Article § 47，原文为：CCP shall invest its financial resources only in cash or in highly liquid financial instruments with minimal market and credit risk. A CCP's investments shall be capable of being liquidated rapidly with minimal adverse price effect.

允许中央对手方将这些现金投资于高流动性、低市场风险和低信用风险的金融工具，但是，中央对手方必须有能力在对市场造成较小影响的情况下，将这些金融工具变现。欧洲和美国的交易所一般将这部分资金投资于国债或是国债回购，我国交易所行业则更为保守，监管者在实践中并不允许交易所将会员的结算担保金投资于国债或债券回购。

四、第四道防线——交易所自有财务资源和临时流动性救济

（一）交易所自有财务资源

交易所的自有财务资源由两部分组成，一部分是专款专用的风险准备金，另一部分是除了风险准备金之外的其他自有财务资源。风险准备金和保证金、结算担保金共同组成了违约瀑布[①]，是具备清算职能的交易所专门指定的、用于消除或者降低结算会员对手方信用风险的财务资源。这部分财务资源必须专款专用，只可以用于弥补会员违约导致的损失，不能用于应对交易所日常运营的运营风险、流动性风险和交易所投资行为导致的投资风险。交易所的风险准备金一般都随着业务规模的扩大而逐渐增加。

除了单独设立的风险准备金，交易所的其他自有资金也构成了交易所应对风险的财务资源的一部分。在交易所的所有财务资源中，一般只有这部分资金可以用于弥补交易所投资导致的损失，交易所不能挪用风险准备金和会员缴纳的结算担保金来应对交易所投资风险和一般业务风险。

另外，需要说明的是，《金融市场基础设施原则》要求中央对手方的结算担保金和可用自有资金总额要至少能够覆盖规模最大的两家结算会员同时违约带来的损失。这里的可用自有资金，通常是指专款专用的

① 关于违约瀑布的详细讨论见本书“违约瀑布序列和自有资金前置”一节。

风险准备金，不包括交易所其他的自有财务资源，因为交易所其他的自有资金需要用于应对一般业务风险、运营风险和交易所投资风险，从而确保交易所的持续运营，所以不能将用于覆盖运行费用、潜在一般业务损失和其他活动损失的资源作为“可用”资源，来覆盖参与者违约所导致的信用损失。

（二）临时流动性救济

临时流动性救济也是交易所可用财务资源的一部分，这部分财务资源和上述的保证金、结算担保金以及交易所自有资金最大的区别在于，这部分财务资源通常是拆借得到的资金，因此需要归还。中央对手方在应对违约时使用违约会员的保证金和结算担保金弥补违约损失后，并不需要将使用的资金再返还给相关的违约会员。但是与之不同的是，临时流动性救济来自中央银行或商业银行，比如我国期货交易所的临时流动性救济就来自商业银行，如果交易所使用这些资金弥补了违约导致的损失，之后需要偿还商业银行。

常见的临时流动性救济的形式包括临时信用额度安排和担保品回购安排。前者是指商业银行给予交易所一定的信用额度，一旦出现风险事件，交易所可以在此额度内获得资金应对风险。担保品回购，是指在出现风险时，交易所将持有的国债等金融资产质押给商业银行以换取资金，待危机解除后，再将资产赎回。

第二节 对手方信用风险管理的灵魂——保证金

对手方信用风险是清算所或具有清算职责的综合型交易所面临的主要风险，而保证金是管理对手方信用风险的主要工具。高效且安全的保证金制度是交易所技术先进性的体现，因此格外受交易者和监管者的关注。从交易者的角度，保证金通常会和衍生品交易的杠杆倍数联系到一起，保证金越低，意味着杠杆比例越高，交易者通常会认为高杠杆的产品是危险的，但站在交易所风险控制的角度，如果交易所对衍生品设置较低的保证金，比如将保证金设置为合约价值的1%，意味着交易所认为这个产品的价格波动较低，对手方信用风险较小。

一、保证金概述

境内外市场在保证金体系的命名习惯上存在差异，境外市场将衍生品的保证金分为初始保证金（Initial Margin）和变动保证金（Variation Margin），其含义如图3－1所示。

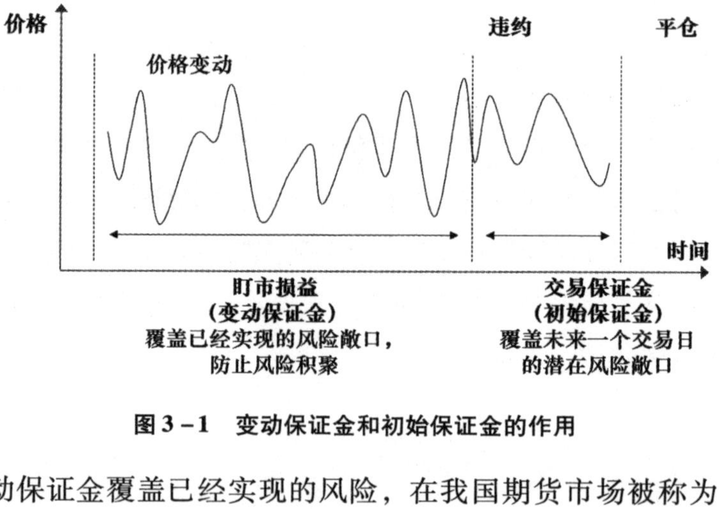

图3－1　变动保证金和初始保证金的作用

变动保证金覆盖已经实现的风险，在我国期货市场被称为“盯市盈亏”，初始保证金覆盖未来风险，在我国期货市场被称为“交易保证金”。

（一）变动保证金的定义和作用

按照《金融市场基础设施原则》的定义：“变动保证金反映因市场

价格实际变动导致的当前风险敞口[①]。为了计算变动保证金，持仓要按照当前市场价格盯市，并向交易对手方收取（或支付）资金以结算持仓的损失（或收益）。”变动保证金[②]的名称可能会让人产生一些误解，变动保证金实际上就是我国期货市场逐日盯市计算的持仓盈亏。变动保证金是合约盯市损益的体现，其作用是确保风险不逐日积累，因此，变动保证金可能是正数也可能是负数，合约结算价格变化为正数的一方从中央对手方接收变动保证金，而合约结算价格变化为负数的一方支付变动保证金给中央对手方。中央对手方的责任是在会员之间传递变动保证金，中央对手方本身不保留任何合约盈亏，因此始终保持风险中性的地位。

变动保证金就是持仓盈亏，为什么要称它为保证金呢？可以从变动保证金的作用来解释。详细来说，保证金是指可以抵消风险敞口的现金或者资产，而变动保证金的作用是抵消已经实现的风险敞口，如果没有变动保证金，风险会不断累积。假设市场参与者进行利率互换合约的交易，互换合约的初始价值为0，经过一个交易日，对于合约中的固定利率支付方，合约价值变为5，浮动利率支付方的合约价值则为-5。经过两个交易日，对于固定利率支付方，合约价值变为10，浮动利率支付方的合约价值则为-10。如果没有交换变动保证金的机制，那么对于清算机构来说，亏损一方的风险敞口已经由0累计到了10。如果亏损一方此时违约，即使清算机构可以立即将亏损方持仓平仓，也会导致10元的损失；相反，如果交易双方交换变动保证金，那么在第一天支付或者接收完变动保证金后，盈利方当日积累的风险已经被收到的变动保证金抵消。假设交易一方在交换完变动保证金后违约，如果清算机构

① CPSS-IOSCO，April 2012，“Principles for financial market infrastructures”，p. 51，原文为：Variation margin is collected and paid out to reflect current exposures resulting from actual changes in market prices. To calculate variation margin, open positions are marked to current market prices and funds are typically collected from （or paid to） a counterparty to settle any losses （or gains） on those positions.

② 在一些市场，变动保证金也被称为“盯市保证金”（Mark-to-market Margin）或“变动结算额”（Variation Settlement）。

可以立即将违约持仓平仓，那么，因为盈利方已经拿到了变动保证金，它就没有任何损失。如果清算机构花了一段时间才将持仓平仓，这段时间合约价格发生变动，清算机构需要向未违约方继续支付盈利资金，则这部分损失可以通过初始保证金覆盖。

（二）初始保证金的定义和作用

《金融市场基础设施原则》中将初始保证金定义为："初始保证金覆盖参与者违约情况下参与者持仓在平仓时长内的潜在变化（潜在未来风险敞口）[①]"。初始保证金的作用是覆盖未来的风险敞口，我国期货市场称为交易保证金。当违约事件发生，当前的风险敞口已经通过变动保证金抵消，但是距离违约会员最后一次支付变动保证金至违约合约完成平仓之间一般有一段时间，这段时间被称为"平仓时长（Close - out Period）"。这段时间内合约的价格可能会向不利于中央对手方的方向变化，比如违约一方的损失进一步加大，这段时间的损失不能被变动保证金覆盖，清算机构不再是市场风险中性，存在市场风险敞口，初始保证金的作用正是覆盖该风险敞口。

最初，初始保证金是指开仓时缴纳的保证金，和"维持保证金（Maintenance Margin）"对应，而维持保证金是持仓存续期间需要缴纳的最低保证金标准[②]。现在，虽然初始保证金名称中有"初始"两字，但是已经不局限在交易开始时缴纳的保证金。经过多年的发展，很多交易所不再有维持保证金，只设置一个保证金来覆盖未来潜在的风险，并且也不再以固定比例或者固定金额的方式收取保证金，但是交易所行业

① CPSS - IOSCO，April 2012， "Principles for financial market infrastructures"，p. 51：Initial margin is typically collected to cover potential changes in the value of each participant's position （that is，potential future exposure） over the appropriate close-out period in the event the participant defaults.

② 早期的初始保证金和维持保证金收取标准都是固定比例，甚至是固定的金额，交易所设置的维持保证金比例（或者金额）低于初始保证金比例（或者金额）。合约存续期内，交易者只需维持其保证金账户内的现金或者资产不低于维持保证金，但当保证金账户内的资金低于维持保证金要求时，交易者需要将保证金补足至初始保证金水平。

依然将此类保证金称为“初始保证金”。目前，包括《金融市场基础设施原则》在内的国际监管标准中使用“初始保证金”泛指所有覆盖潜在风险敞口的保证金。

因为初始保证金和变动保证金的作用不同，所以对充当保证金的现金和资产的种类的要求不同：缴纳变动保证金只能使用以合约结算货币表示的现金。比如，以美元结算的股指期货只能使用美元支付变动保证金，不能使用人民币支付变动保证金。缴纳初始保证金却可以使用结算货币、其他国家的货币或者其他非现金担保品。比如，对于以美元结算的股指期权的初始保证金，可以是美元、人民币、债券或者股票。从市场的实践看，为了降低成本，交易者一般不以现金缴纳初始保证金，而是使用优质的非现金担保品。以美国芝加哥商业交易所集团（CME Group）为例，其初始保证金中现金占比仅为30%左右，其他均为国债等非现金担保品①。

二、初始保证金的国际标准化趋势

过去20年间，保证金制度不断优化，从静态固定比例保证金方法进化到基于风险的组合保证方法。金融危机后，G20集团承诺对标准化场外衍生品进行集中清算，而对不能集中清算的场外衍生品则要求以高于集中清算的标准收取保证金。作为对G20集团承诺的响应，监管机构和行业自律组织开始对保证金标准进行规定。《金融市场基础设施原则》对集中清算的场内和场外衍生品的保证金方法设定了最低标准，同时，各国监管机构也在《金融市场基础设施原则》基础之上，分别设立了相应的保证金标准。

而对于非集中清算场外衍生品，2013年9月2日，巴塞尔委员会（BCBS）和国际证监会组织（IOSCO）联合发布了“非集中清算衍生品

① 2021 CME Group Annual Report.

保证金要求[①]”，目的是进一步防控系统性风险，并鼓励机构进行集中清算[②]。作为对该保证金要求的回应，ISDA 积极推动非集中清算衍生品的标准初始保证金模型（Standard Initial Margin Model，简称 SIMM）的建立，希望该标准能够成为业界的最优做法，被市场机构广泛应用。至此，不论是对场内衍生品、集中清算的场外衍生品还是非集中清算的场外衍生品，保证金模型标准已经逐渐明确。

保证金制度是衍生品市场最重要的制度之一，保证金可以防范对手方信用风险，是衍生品成功发挥其市场作用的基石。保证金也是交易者参与衍生品交易的主要成本，成本过高的市场会降低交易者的交易意愿，因此，为了提高市场流动性，交易所有降低保证金水平的动机，而对非集中清算场外衍生品，交易者则有不交保证金的动机。因此，监管机构和市场自律组织为保证金计算制定标准，既是为市场的风险控制行为提供最优实践，也是设置风险管理的底线，防止因个别机构或者交易所放松风控而影响整个金融系统的稳定。

对于监管机构而言，为保证金计算制定标准除了可以规范风控行为，还可以提供评估和监管市场机构风控措施的一致性标准——其监管下的交易者和交易所都必须遵循标准。监管者在进行评估时可以按此标准衡量其风控行为。

对交易所行业而言，清算业务是具有战略意义的重要业务，全球主要交易所集团近年来为此展开了激烈竞争。为了在竞争时获得优势，交易所利用各国的不同标准进行监管套利，交易者出于节约交易成本的考虑，会选择保证金要求相对较低的交易所，高保证金交易所的流动性就会流失。因此，全球主要交易所都在积极研究优化保证金计算模型，希望在控制风险的前提下，提高竞争优势。

---

① Margin requirements for non - centrally cleared derivatives.

② 非集中清算的保证金标准高于集中清算，集中清算的场外衍生品的平仓时长为 5 天，而非集中清算为 10 天。

三、初始保证金确定方法

（一）初始保证金基本参数

初始保证金的确定方法有多种，例如历史模拟在险价值（HVaR）方法、SPAN 方法、蒙特卡洛方法等，但不管使用何种方法计算初始保证金要求，初始保证金的确定方法都有两个基本参数要考虑：平仓时长和置信度水平（Confidence Level）。

1. 平仓时长和置信度水平的含义

平仓时长，是指清算机构将违约会员的持仓完全平仓的时长。初始保证金需要覆盖的就是该段时间的损益。我国期货市场因为强制平仓制度的存在，违约发生后交易所可以将违约会员的持仓按照市场价格平仓，那么，从上一次收取交易保证金直至完成平仓操作的这段时间就是平仓时长。平仓时长是相对固定的，国内交易所的平仓时长假设一般为一至两个交易日。在境外市场，很多交易所并不存在强制将违约持仓以涨跌停板价格平仓的机制，而且对于一些流动性很差的产品，可能多个交易日都没有市场报价，在这种情况下，交易所即使有强制平仓机制也无法实施。境外市场处理违约持仓一般是以拍卖形式，根据市场流动性以及持仓集中度的不同，完成违约持仓拍卖花费的时间不同，因此，不同产品有不同的平仓时长。

置信度水平，是指清算机构收取的保证金能够覆盖风险的概率。如果一个清算机构表示设置初始保证金时采用的平仓时长为 2 天，置信度水平为 99.7%，就是说，该清算机构保证金的收取目标是：保证金只有 0.3% 的概率不能覆盖合约两个交易日发生的损失。

由此可见，平仓时长和置信度水平的选取直接影响保证金水平。如果计算保证金时采用更长的平仓时长，表示保证金需要覆盖合约在更长时间内的损失，要求的保证金则更多；同样，如果提高置信度水平，则说明保证金需要以更高的概率覆盖风险，因此保证金水平也随之升高。

2. 国际市场对保证金参数的规定

因为平仓时长和置信度水平对保证金计算结果有巨大影响，为了防止清算机构不顾风险地降低保证金水平以吸引交易者，国际监管机构对保证金计算的参数进行了规定。《金融市场基础设施原则》在原则 6（保证金）中明确要求计算初始保证金的置信度水平必须在 99% 以上。但是《金融市场基础设施原则》没有严格限制平仓时长的选择，只是要求清算机构对平仓时长应采取保守的估计，即使是在紧张的市场条件下，清算机构也应该能够在该时长内完成对违约持仓的有效对冲或者拍卖。

欧盟和美国在《金融市场基础设施原则》的基础之上，对其法律管辖下的清算机构使用的参数进行了进一步限制，欧盟 EMIR 规定清算机构在确定保证金水平时，场内衍生品和场外衍生品的平仓时长应分别不短于 2 天和 5 天，场内合约使用的置信度水平不能低于 99%，场外合约不能低于 99.5%[①]。美国商品期货委员会则规定，场内衍生品的平仓时长默认不能低于 1 天，场外金融衍生品的平仓时长和欧盟规定的一样，不能低于 5 天，而场内产品和场外产品使用的置信度水平不能低于 99%[②]。欧盟和美国对初始保证金参数标准的对比详见表 3－2。

表 3－2　　境外保证金参数标准的对比

参数		欧盟	美国	《金融市场基础设施原则》要求
平仓时长	场内衍生品	2 天	1 天	没有具体的长度要求，只要求对平仓时长要谨慎估计
	场外衍生品	5 天	5 天	
置信度水平	场内衍生品	99%	99%	99%
	场外衍生品	99.5%		

① ESMA，4 July 2012，“EMIR Technical Standards [Regulation（EU）No 648/2012]”.

② CFTC，“Code of Federal Regulations”，Title 17 § 39.13 Risk management.

3. 保证金参数标准的争议点

（1）场内平仓时长标准对流动性差的场内产品是否适用

平仓时长的估算非常复杂，实际完成平仓所需的时间与产品的流动性以及市场的持仓集中程度都有关——如果合约的流动性高，则平仓时长较短；如果违约会员持仓的集中度较低，即违约会员持仓占市场总持仓比例低，则平仓时长较短。因此，清算机构和监管机构的标准通常都只是对平仓时长进行大概的估算，比如认为场内衍生品的流动性较强，就将场内衍生品的平仓时长设为 1 天或 2 天，将场外衍生品的平仓时长设为 5 天。

但是继场外衍生品期货化的趋势出现后，这种对所有场内产品一视同仁的做法引发了业界的广泛争议。因为欧美监管机构要求集中清算的场外衍生品必须以 5 天的平仓时长计算初始保证金，而非集中清算的场外衍生品要以 10 天为平仓时长计算初始保证金，所以，出现场外产品期货化的趋势，即交易所挂牌和场外合约一样或者类似的合约，比如洲际交易所（ICE）和芝加哥商业交易所（CME）都挂牌了利率互换期货。这些产品虽然在场内挂牌，但流动性较低，主要以大宗交易等双边协商交易方式成交，实际上和集中清算的场外衍生品区别不大。场内挂牌没有从本质上提高合约本身的流动性，但是按照监管规定，这些衍生品依然可以使用较短的平仓时长计算保证金，这种做法可能会导致监管套利和风险：交易所可能会利用场内化的方式降低交易者的交易成本，使保证金水平不能完全覆盖潜在的风险敞口。

其实不仅是对期货化后由场外变场内的衍生品，场内衍生品之间也存在较大的流动性差异，统一使用一个平仓时长来估算初始保证金略显粗糙。但是，对于如何合理地估算平仓时长，尤其是流动性差的合约的平仓时长，业界并没有统一做法。一种做法是根据违约演习中完成平仓的时间来判断假设的平仓时长是否合理。但是这种方法也可能会低估平仓时长，因为违约演习不使用真实资金，市场机构在违约演习时可能会积极地出价以完成拍卖。如果违约事件真的发生了，机构在实际持仓拍卖中的行为可能和违约演习时不一致。

（2）采用静态的平仓时长是否准确

绝大部分交易所和金融机构使用的平仓时长假设是静态的，这种做法只描述持仓在两个固定时点间的价值变化，比如5天的平仓时长假设就是描述同一个投资组合5个交易日内的市场价值变化。换句话说，使用静态平仓时长假设就是认为清算机构可以且仅能在平仓时长结束的时点完成违约持仓的平仓处理。比如，使用5天的平仓时长假设，就是认为清算机构可以正好在违约发生后的第5天将投资组合内的合约全部平仓，不允许部分持仓提前完成平仓或者合约在平仓时长期间内到期。

这种静态处理方法在大多数情况下是合理的，但是不能否认的是，这种静态处理会忽略市场信息，比如投资组合内可能有在假定的平仓时长结束前就到期的合约。如果出现这种情况，采用静态平仓时长假设计算出的初始保证金就不能准确覆盖风险。

（二）主要初始保证金计算方法介绍

初始保证金是体现清算效率的关键。确定初始保证金是一项复杂的工作，因为保证金水平过低会给清算机构带来风险，而保证金过高又会增加清算成本，削弱交易所竞争力。初始保证金确定方法的设计最能体现中央对手方平衡风险管理和资金使用效率的能力。保证金确定方法有两个关键要素：一是估算完成违约持仓平仓需要花费的时间；二是计算该时长内持仓的可能损失。

当前，绝大部分交易所和金融机构使用的风险衡量体系都可以被分为两类：基于场景的方法和基于“在险价值（Value - at - risk，简称VaR）[①]”的方法，芝加哥商业交易所集团（CME Group）于1988年发明的“SPAN（Standard Portfolio Analysis of Risk，简称SPAN）方法[②]”

① 后面介绍的预期损失方法（Expected Shortfall，简称ES）是VaR的引申，是基于VaR的方法的一种。

② CME，2019，“Span Methodology”，CME官网。

是一种典型的基于场景的方法[①]。SPAN 方法和 VaR 方法的吸引人之处在于它们最终只使用一个数值表示投资组合整体的风险敞口。对于交易所而言，这个特质格外有意义，因为这个“单一的风险数值”正好对应初始保证金的概念。不论使用何种模型估算平仓时长内的风险敞口，交易所在计算初始保证金时都需要考虑以下因素。

- 如何描述波动率

确定会员持仓保证金的关键是准确地描述会员持仓市场价格的波动性，而衍生品价格的波动性和其剩余到期日以及标的资产价格的波动性有关。标的资产的波动性越大，会员持仓的初始保证金要求越高。

- 如何计量尾端风险

虽然可以通过波动率描述连续的价格变动情况，但是产品的标的资产价格可能产生价格跳跃，因此还需要考虑尾端风险。

- 如何处理相关性

因为结算会员一般同时在清算机构清算多种产品，清算机构可能会对有较强相关性的持仓以组合的形式计算初始保证金要求。因此，初始保证金计算方法需要考虑产品间的风险抵消，即处理合约之间的相关性。

1. 场景分析方法

基于场景分析的保证金方法和压力测试类似，是计算会员持仓在特定的场景下的可能损失，然后根据可能损失的数值确定保证金，这类保证金方法的代表是 SPAN 方法。SPAN 方法由 CME 在 20 世纪 80 年代推出，是最受关注的场内衍生品初始保证金计算方法。SPAN 方法一经面世就具有革命性的意义，因为该方法首次基于投资组合整体的风险水平计算保证金，即实施组合保证金。如果投资组合中有价格高度相关的期权或者期货，那么初始保证金水平将显著下降。

---

① 广义上看，SPAN 方法也可以认为是一种基于压力场景的 VaR 的方法，但是 SPAN 计算使用的场景较少，并且全部为模拟场景，与通常的 VaR 方法构造场景的方式有所不同。因此，本书将 SPAN 方法归类为基于场景分析的保证金方法。

SPAN 方法的基本工作原理是对投资组合的各项风险因子（标的资产价格、标的资产波动率、无风险利率等）设置虚拟的变动幅度，对这些虚拟的变动进行排列组合就构成了 SPAN 的基本场景，然后计算投资组合在这些基本场景下的最大损失①。

SPAN 方法只假设了无风险利率曲线和波动率曲面进行水平变化，因此不适合波动率曲面和无风险利率曲线变化非常敏感的合约组合。比如，对于利率互换，无风险收益率曲线的形状变化对价格有很大影响，SPAN 方法的场景中只包含无风险收益率曲线的平移变化，对曲线的反转变化、陡峭变化和扁平变化都没有进行描述，因此会忽视无风险收益率曲线变化对风险的影响。

2. 在险价值（VaR）方法

在险价值（Value-at-Risk，简称 VaR）方法的面世晚于 SPAN 方法，该方法在 20 世纪 90 年代由 J. P. Morgan 银行提出②。VaR 表示在一定置信度水平下，平仓时长内投资组合可能的最大损失。VaR 数值是一种风险测度，如同使用持仓的市场价格表示其价值一样，我们可以使用 VaR 来表示持仓的风险水平。VaR 计算的示例如图 3－2。

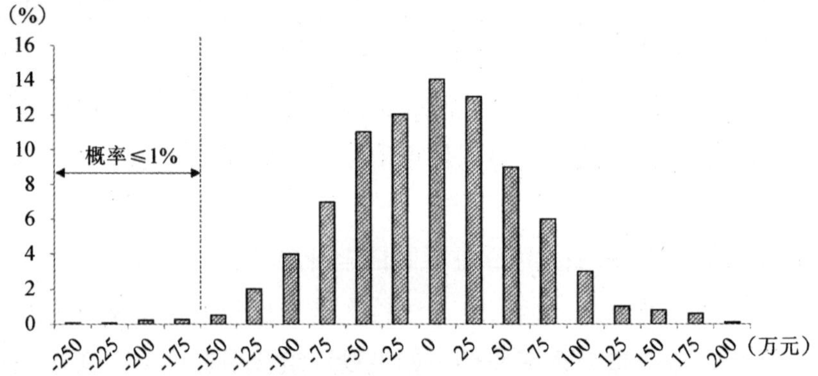

图 3－2　5 天平仓时长、置信度为 99% 的 VaR 数值确定方法示例

---

① SPAN 方法还需要通过不同合约之间的相关性对基本场景的最大损失进行修正和调整，并且还会考虑深度虚值期权的价值变动和标的资产的变动呈现非线性的问题。本书只介绍 SPAN 的基本思想，不对 SPAN 方法进行详细描述。

② Glyn A. Holton, 2003, "Value-at-risk: Theory and Practice", Academic Press.

图 3 - 2 显示了投资组合的 5 天损益分布。从图 3 - 2 中可以看出，损失超过 150 万元的概率小于等于 1%，所以 99% 的置信度下的 VaR 是 150 万元。

计算 VaR 需要获得各种持仓损益的场景，因此基于 VaR 风险测度衍生出了多种计算保证金的方法。这些计算保证金的方法的场景设置方法并不相同，比较常见的方法包括：参数方法（Parametric Method）、历史模拟法（Historical VaR，简称 HVaR）和蒙特卡洛方法（Monte - Carlo）。参数方法是指资产损益的分布使用参数固定的已知分布进行描述，比如假定资产价格变动满足正态分布。历史模拟法直接使用已经发生的价格变动描述损益分布，比如使用过去 500 个交易日资产价格的实际变动描述损益分布。蒙特卡洛方法则是按照一定的分布假设，采用随机生成的资产价格变动形成损益分布。几种方法总结如表 3 - 3。

表 3 - 3　　常见 VaR 场景设置方法对比

方法	如何确定 VaR 的场景
参数方法（Parametric Method）	使用参数固定的已知分布（比如正态分布）描述标的资产的损益分布
历史模拟法（HVaR）	利用历史场景描述未来场景
蒙特卡洛方法（Monte - Carlo）	按照一定的分布假设，采用随机生成的未来市场场景

3. 预期损失方法

预期损失（Expected Shortfall，简称 ES）是一个风险测度，是基于 VaR 的引申和改进，因此也可以被归为基于 VaR 的方法的一种。ES 是指大于或等于 VaR 方法求得的损失的期望值。

ES 的含义并不像 VaR 一样有明显的经济学解释，但 ES 克服了 VaR 方法的两个显著缺点。第一，VaR 方法存在低估尾端风险的缺陷。第二，VaR 不具有“次可加性（Sub - additivity）”，可能得出不符合常识的初始保证金计算结果。对次可加性的直观理解是：两个合约构成的投资组合的风险不能高于两个合约分别的风险之和[①]，即如果清算机构对一个会员的持仓以组合形式收取保证金，其保证金要求不会大于将此会员的持仓拆分成两个子组合并在两家清算机构[②]清算的保证金之和。由于 VaR 不具有该性质，如果采用 VaR 方法计算初始保证金，可能会出现违背该市场常识的情况。后续章节会专门对 ES 方法相对于 VaR 方法的两个优势进行说明。

四、初始保证金计算方法的国际趋势

（一）VaR 逐渐成为主流计算方法

在 SPAN 诞生的 20 世纪 80 年代和 SPAN 迅速发展的 90 年代，交易所的衍生品类型较为单一，主要是期货和期权。这些产品的风险属性并不复杂，更重要的是，当时清算机构之间的竞争并不激烈。因此，当时的交易所在设计组合保证金计算方法时，只需要考虑较少的风险因子，比如标的指数价格和指数的波动率。交易所通常没有对含利率、指数、信用等多类合约的复杂投资组合计算组合保证金的需求。

近些年，包括信用违约互换（CDS）和利率互换（IRS）在内的场外衍生品蓬勃发展，场内衍生品类型逐渐增多，并且，由于交易所之间的竞争和合作逐渐增多，交易所试图通过实施更精细的组合保证金的方式降低市场交易成本，提高交易所在行业内的竞争力。而 SPAN 方法在风险因子增加时，场景数量会以指数增加[③]，因此不适合计算多风险因

① 因为多个合约构成的投资组合可以分散非系统性风险（Diversification）。

② 假设两家清算机构使用同样的 VaR 方法计算初始保证金。

③ 当风险因子增多时，SPAN 的场景会以指数方式增加，比如包含三个风险因子的 SPAN 方法使用 16 个基础场景，增加第四个风险因子后，即使只假设新增风险因子只有上涨或下降两个场景，基础场景也会变为 48 个；而增加第五个风险因子后，基础场景变为 144 个。

子的复杂投资组合的保证金，业界正逐渐从SPAN方法向基于VaR的方法转变。当前，基于VaR的保证金计算方法[①]已经是场外衍生品保证金计算的主要方式，即使是对场内衍生品，多家原本使用SPAN方法的交易所正逐渐向基于VaR的保证金计算方法转移。比如欧洲期货交易所（Eurex）原有的基于风险的保证金计算方法（Risk－Based Margining）属于类SPAN方法，从2012年起，欧洲期货交易所开始分步实施新的Prisma保证金体系，保证金方法的转换工作已于2015年年底完成。Prisma是基于VaR方法的组合保证金体系，通过Prisma体系，欧洲期货交易所可以在统一的框架下计算场内和场外衍生品的初始保证金要求。CME作为SPAN方法的发明者，也在逐渐替换SPAN方法：其场外利率互换的清算采用HVaR方法；而对于场内衍生品，CME在使用SPAN方法计算保证金的同时，也使用HVaR方法对SPAN方法进行补充[②]。

虽然基于VaR的方法正逐渐成为交易所保证金计算方法的主流，但是由于VaR方法本身具有低估尾部风险的缺陷，监管机构也考虑使用其他风险指标作为VaR指标的补充。2012年，巴塞尔委员会引入了ES作为新的风险指标，以更加准确地捕捉银行在小概率但潜在损失大的事件中面临的风险。并且，以ES作为风险测度，还可以降低顺周期性（Procyclicality）[③]。

（二）清算机构开始以动态方式处理平仓时长

随着衍生品种类的增多和复杂程度的逐渐提高，包含多类产品的投资组合计算初始保证金的难度也逐渐提高。对于组合内产品流动性差异

---

① 新加坡交易所、澳大利亚证券交易所、日本交易所集团、香港交易所集团和芝加哥商业交易所集团的场外利率互换集中清算都使用的是基于VaR的保证金计算方法。

② 如果出现连续多天HVaR计算结果高于SPAN结果的情况，则需要对SPAN的参数进行修订。详见CME Clearing Europe Risk Disclosure，2013，第5页。

③ 顺周期性，是指保证金水平和市场变化呈现正相关，这可能加剧金融市场的波动。

较大、平仓时长显著不同的投资组合，交易所在选择平仓时长参数时，常见做法是取较长的平仓时长，比如在计算包含场内利率期货和场外利率互换的投资组合的初始保证金要求时，交易所会选择以5天作为平仓时长。这种静态的平仓时长处理方式有两个主要缺点：第一，假设投资组合内的所有合约同时完成平仓，违背实际违约处理过程。在实际的违约拍卖时，利率期货可能早于利率互换完成平仓。第二，没有考虑暂时融资需求。即使可以保证投资组合内的合约同时完成平仓，初始保证金只考虑平仓完成时的最终损失，没有考虑平仓处理期间的暂时融资需求。在逐日盯市制度下，清算机构可能需要在违约处理完成前的某日支付未违约结算会员变动保证金，比如违约发生日和完成平仓日之间的合约价值变动可能为10万元，但是这期间某天的变动保证金可能是-20万元。如果初始保证金模型只考虑两个静态时点的价值变动，则不能覆盖这部分资金缺口。

虽然当前大部分交易所仍然以静态方式处理平仓时长参数，但也有交易所开始考虑以动态方式处理平仓时长，比如巴西证券交易所（B3）使用的CORE保证金方法（Close - out Risk Evaluation，简称CORE）。CORE保证金方法已经在2014年开始实施，CORE方法的特色是首先采用蒙特卡洛模拟得到最优的平仓策略，即应该在何时完成某类产品的平仓，然后计算在此最优平仓策略下投资组合的最大损失，以此确定初始保证金要求。

第三节　使用历史模拟 VaR 设置衍生品保证金

VaR是当前金融市场广泛使用的风险度量衡。第一代的VaR方法于20世纪90年代被提出。由于该方法只用单一的数值就可以描述包含多类资产的投资组合的风险敞口，一经提出就被金融机构广泛使用。银行、资产管理公司等金融机构使用该指标计算其交易的风险敞口，监管机构以此设定金融机构的资本金要求，交易所使用该方法计算保证金要求。在众多的 VaR 方法中，历史模拟法使用历史真实损益作为未来可能发生的市场场景，原理简单并且易于实现，但第一代历史模拟 VaR 方法存在对最新市场情况反应较慢的问题。经过十多年的发展，在历史模拟 VaR 方法的基础上，又产生了“经时间加权的历史模拟法”和“经过滤的历史模拟法”。其中，“经过滤的历史模拟法”已经被交易所行业广泛应用于衍生品保证金的计算（见图 3－3）。

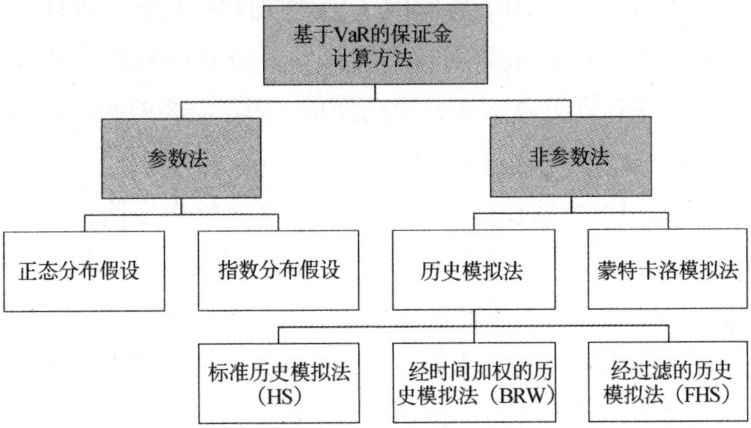

图 3－3 基于 VaR 的保证金计算方法分类

一、标准历史模拟 VaR 方法及改进方法介绍

VaR 方法有两个基本参数：平仓时长和置信度水平。一旦确定了基本参数，VaR 方法计算投资组合的风险敞口的关键就在于合理估计投资组合损益在平仓时长内的分布[①]。按照确定分布的方法不同，VaR 方法

① 为了确定平仓时长内的损益，一般有两种做法：方法 1 直接描述损益在平仓时长内的分布，而方法 2 仅描述损益在 1 天内的分布，再假设每天的价格波动是独立同分布（Independent and Identically Distributed），将一天的损益乘以平仓时长天数的开平方。比如假设默认的平仓时长是 10 天，方法 1 直接描述风险因子 10 天内的波动，而方法 2 描述风险因子 1 天内的波动，然后乘以 $\sqrt{10}$ 以获得 10 天的价格波动。本书使用方法 1。

可以分为参数法和非参数方法，参数方法使用参数模型描述风险因子的损益分布，比如假设损益分布服从正态分布或者T分布等。历史模拟法（Historical Simulation VaR，以下简称HS方法）是典型的非参数VaR方法，该方法并不使用参数描述风险因子收益的分布，直接使用历史变动确定损益的分布。

（一）第一代历史模拟法（HS）

在计算投资组合的保证金方面，HS方法相比参数VaR方法更为简单。即使投资组合含有多个风险因子，比如投资组合里同时含有沪深300指数期货和上证50指数期权，计算保证金完全依靠不同资产的历史价格数据描述投资组合整体的损益分布，而不需要两两计算不同风险因子的协方差①。

具体来说，HS方法使用风险因子历史真实价格变动构成场景，即认为过去的历史变动比例是未来可能发生的变动比例。比如第一个场景的风险因子的变动和历史采样区间内第一天②的变动一样，第二个场景和历史采样区间内第二天的变动一样，依次类推。每个场景下投资组合的价格变动是其中每笔合约在该场景下价格变动的净额。最后将所有场景下的损益由小到大排列，选择与置信度水平对应的分位数作为VaR的取值。比如，假设HS计算使用了100个场景，置信度水平为97%，那么第三大的损失就是VaR的取值。

HS方法虽然简单易实现，但当前的金融机构却很少直接使用HS方法，因为第一代的HS方法在计量风险敞口时存在一些缺陷，比如HS方法会忽略历史数据中的变化趋势。第一代HS方法赋予每个场景相同的权重。如果采样区间为5年，则2022年市场变化和2017年市场变化对VaR计算结果具有一样的影响。但实际上最新的市场数据中可

---

① 参数VaR在计算时需要两两计算投资组合里所有资产的协方差，由此又称方差-协方差方法（Variance-Covariance Method）。

② 假设HS方法计算时的平仓时长（Close-out period）为1天。

能包含了市场的变化趋势信息。美国 1987 年股市暴跌以后的大量实证表明，波动率变化具有聚集性——剧烈的价格变动往往会跟随更大的价格变动，因此，对新旧数据做等权重处理可能会低估市场风险。当缺乏风险因子的历史数据时，交易所也无法使用 HS 方法。历史模拟法需要使用真实的历史变动构造损益分布，对于新的资产或者新的风险因子，则可能没有足够的历史数据来支持使用 HS 方法。比如，期权的标的是新上市的股票，由于标的股票的交易时间过短，没有足够的历史场景来计算其保证金。

（二）时间加权历史模拟法（BRW 方法）

学术界和衍生品业界一直在寻找历史模拟 VaR 方法的改进方案，Jacob Boudoukh、Matthew Richardson 和 Robert F. Whitelaw（1998）对 HS 方法进行了改进，对历史数据进行加权处理以提高 HS 方法对最新风险情况的反应速度。根据其提出者的姓氏缩写，这种使用时间加权的方法被称为 BRW 方法。时间加权法改进了传统 HS 方法中对每个历史场景等权重的处理方式，对场景采取按其时间早晚程度进行加权，时间越晚则权重越高。

BRW 方法可以较快地反映当前市场信息，但它的缺点是降低了实际的采样周期，衰减因子 λ 取值越小，新场景的权重就越高，相当于实际采样周期变短，很可能将历史极端值排除出样本。比如，假设采样周期为 500 天，衰减因子 λ 设为 0.97，最新场景的权重为 3%，但如果将衰减因子 λ 降为 0.94，最新场景的权重则升为 6%。

（三）经过滤的历史模拟法（FHS）

同样出于改进 HS 方法的目的，Giovanni Barone - Adesi（1999）等人[①]

① Barone - Adesi G, K Giannopoulos and L Vosper, 1999, "VaR without Correlations for Non - Linear Portfolios", Journal of Futures Markets, 19, August, 583 - 602.

提出了“经过滤的历史模拟法（Filtered Historical Simulation，简称 FHS）”①。这个方法之所以得名“经过滤的历史模拟法”，是因为该方法并不直接使用历史上某日的真实价格变动作为 VaR 场景，而是首先将价格变动除以该日的波动率②对价格变动进行标准化，这个过程被称为“去波动率（De - volatility）”，经过“去波动率”的标准化历史价格变动可以被认为是独立同分布的（Independent and Identically Distributed，缩写为 IID）。再将标准化后的价格变动乘以当前的波动率，即“补波动率（Re - volatility）”，以更新后的价格变动作为 VaR 计算场景。需要说明的是，“去波动率”过程中历史场景波动率的估计方法、参数和“补波动率”过程中当前市场波动率的估计方法、参数可以相同，也可以不同。如果采用不同的参数，则表明使用者估算当前波动率和历史波动率时对新信息赋予的权重不一样。

HS 方法和 BRW 方法都假定风险因子的波动率是不变的，而 FHS 方法假设风险因子的波动率会发生改变，因此使用波动率的变化对历史场景中的风险因子变动比例进行调整，以调整后的比例计算投资组合的损益。假设 T 日（T 日为 VaR 计算使用的历史采样区间中的一天）风险因子的变动比例为 3%，日波动率为 1%。如果当前的日波动率为 2%，那么以 T 日作为历史场景时，风险因子的变动比例应该变为 6%；反之，如果当前的日波动率降为 0.5%，那么风险因子的变动比例应该变为 1.5%。FHS 使用波动率对历史场景进行更新，实际上扩展了场景的范围，场景中会增加历史上没有出现过的价格变动。

二、使用 HS、BRW 和 FHS 方法估算股指期货保证金水平

使用我国境内市场的股指期货交易数据，评估以 99% 作为置信度

① Hull 和 White 在 1998 年也提出了适用波动率对历史场景进行更新的方法，1999 年 Giovanni Barone - Adesi 等人将该方法进一步扩展，并命名为“经过滤的历史模拟法”。

② 可以采用多种方法获得波动率的估计，比如可以使用 EWMA 或 GARCH 等时间序列分析方法计算波动率，也可以直接使用以标准差表示的波动率。

水平、2 天作为平仓时长①的情况下不同保证金计算方法的结果。三种方法都使用 500 天作为历史采样区间，BRW 和 FHS 方法使用的参数具体如下：

BRW 方法：分别使用 0.94 和 0.97 作为衰减因子 λ。

FHS 方法：使用 EWMA 方法计算波动率。历史场景的波动率采用和计算当前波动率相同的时间窗口和衰减因子，衰减因子 λ 分别使用 0.94 和 0.97。波动率计算的时间窗口为 100 天。最终计算结果的总结见图 3－4。

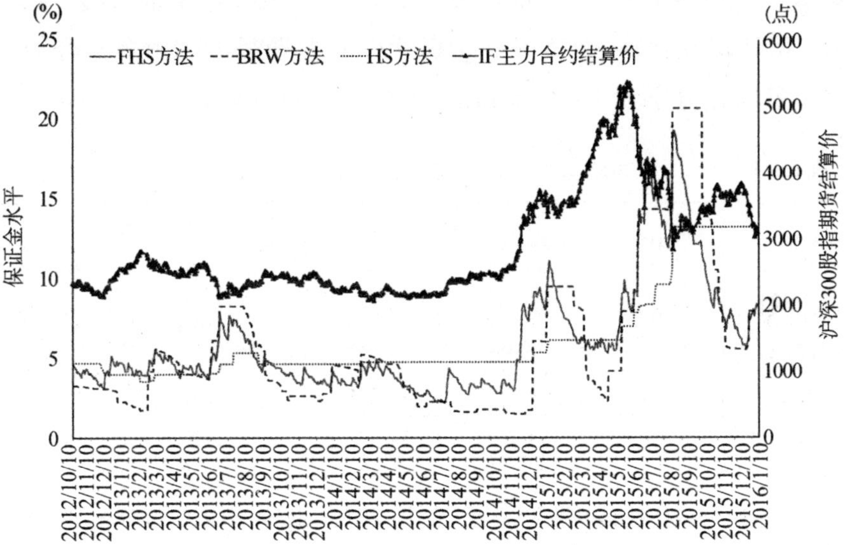

参数说明：

HS：时间窗口为 500 天。

BRW：衰减因子为 0.94。

FHS：衰减因子为 0.94。

图 3－4　沪深 300 股指期货多头保证金水平测算

计算结果显示了三种保证金方法分别的特点。如图 3－4 黑色点状

① CFTC 和欧盟委员会达成共识，以 2 天作为场内合约保证金计算设置平仓时长的最低标准，因此本部分选取 2 天作为沪深 300 股指期货平仓时长的标准。

虚线所示，HS 方法计算出的保证金水平稳定，变化的频率最低，在 2013 年至 2014 年很长一段时间内都保持不变，很难升高或者降低。BRW 方法和 FHS 方法对市场变动的反应都相对迅速，用 FHS 方法计算的结果的变化最频繁，一般情况下每天都有变动。因为 FHS 方法认为资产的波动率不是静态不变的，所以每天都使用当前的波动率对历史场景进行更新，即使对连续的两个交易日，计算保证金使用的场景一般也完全不同①。

表 3-4 展示了使用三种方法计算的 2015 年 8 月 25 日前后的保证金数值。2015 年 8 月 25 日前后发生了 2015 年全年以来最大的市场连续跌幅，8 月 24 日和 8 月 25 日，沪深 300 股指期货的主力多头合约的结算价单日跌幅分别为 10.45% 和 10.21%，两日跌幅高达 20.65%。

表 3-4　　2015 年 8 月 25 日前后的保证金水平对比

日期	HS	BRW		FHS	
		$\lambda=0.94$	$\lambda=0.97$	$\lambda=0.94$	$\lambda=0.97$
8 月 26 日	13.15%	20.65%	20.65%	19.21%	18.29%
8 月 25 日	13.15%	20.65%	20.65%	18.76%	17.89%
8 月 24 日	10.5%	14.24%	14.27%	14.56%	15.36%
8 月 21 日	9.57%	14.25%	14.27%	12.54%	14.18%

由表 3-4 的总结可以看出，8 月 25 日出现了 20.65% 的两日跌幅后，通过 BRW 方法获得的保证金水平立刻升高为 20.65%，使用 FHS 方法获得的保证金结果最低也不低于 17.89%，而 HS 计算出的保证金结果最低，为 13.15%。这是因为采用 0.94 和 0.97 作为衰减因子时，最新市场变化的权重分别为 6% 和 3%，都高于 1%，所以当市场刚发生了史无前例的跌幅时，采用 HS 方法不会选取到该数值作为 VaR 值，但是 BRW 方法则会立刻使用最新的跌幅作为 VaR 值。FHS 方法计算出的保证金水平在 BRW 方法的计算结果和 HS 方法的计算结果之间，主要

① 场景虽然完全不同，但是差异很可能是微小的。

是因为2015年8月份市场波动率维持较高水平，所以使用当前波动率对历史场景的价格变动进行更新后，扩大了原本历史场景的波幅。但是，因为FHS取VaR值时无法像BRW方法一样取到最极端的场景，所以FHS结果为19.21%，低于BRW方法的计算结果。以两天作为平仓时长，采用HS方法和BRW方法计算沪深300股指期货的保证金水平，最极端的情况即是两个停板的跌幅，而采用FHS方法，理论上可以出现比两个停板的跌幅更极端的场景。

三、历史模拟VaR方法的顺周期性评估

保证金计算方法的顺周期性是选择保证金方法时需要考虑的要素，保证金的顺周期性体现在保证金水平的变化速度和幅度——如果保证金降低得过快，则市场杠杆升高，风险累计，而保证金提高幅度过高，则有可能造成市场的流动性危机。

评价保证金模型顺周期性可以使用两个指标：一是峰谷比（Peak - to - trough Ratio，简称PTR），即相同投资组合在固定时间内收取的最大保证金和最低保证金的比例；二是多日增幅，即固定时间内相同投资组合的保证金最大增长。

分别计算使用三种保证金方法得到沪深300指数期货保证金的PTR和单日最大增幅，结果详见表3－5和表3－6。

表3－5　2013年度至2015年度三种计算保证金方法的PTR

时间区间	HS	BRW		FHS	
		$\lambda=0.94$	$\lambda=0.97$	$\lambda=0.94$	$\lambda=0.97$
2015年	2.50	9.30	5.04	3.67	2.83
2014年	1.15	4.21	3.80	4.35	3.00
2013年	1.52	4.93	3.31	2.40	1.83

PTR数值越大，则保证金模型导致顺周期的可能性越高，由表3－5

数值可知，2013 年至 2015 年，HS 方法的 PTR 值都明显低于 BRW 方法和 FHS 方法，因此，该方法导致市场发生顺周期问题的可能性最低，而使用 BRW 方法和 FHS 方法则可能有顺周期效应。出现这种现象的原因在于，BRW 方法和 FHS 方法对市场新信息的反应更快，采用这两种方法计算出的保证金的数值调整频率更高。

另一个明显的现象是，衰减因子 λ 取值升高引发顺周期的可能性降低。这是因为衰减因子决定了保证金模型对市场新信息的反应速度，衰减因子取值增大时反应更缓慢，即保证金调整速度更慢。

表 3-6　　2013 年度至 2015 年度三种保证金计算方法的日增幅

时间区间	HS	BRW		FHS	
		$\lambda=0.94$	$\lambda=0.97$	$\lambda=0.94$	$\lambda=0.97$
2015 年日增幅最大值	2.65%	6.41%	6.38%	4.20%	3.44%
2014 年日增幅最大值	0.56%	2.41%	2.39%	1.10%	0.78%
2013 年日增幅最大值	0.68%	2.46%	2.20%	1.43%	0.86%

保证金数值日增幅刻画了保证金短期内的变动幅度，幅度越大，则越可能给市场参与者造成短期的流动性压力，导致市场出现顺周期性的可能性越高。因此也可以通过该指标得出和 PTR 一样的结论，即 HS 方法导致发生顺周期效应的可能性最低，而使用 BRW 方法最可能引发市场顺周期效应。

四、交易所如何更好地使用历史模拟 VaR 方法

（一）FHS 方法可以作为设置保证金水平的重要参照

历史模拟 VaR 方法是当前主要的保证金计算方法，在实际应用时，交易所通常会进行一定调整。FHS 方法是更适合的被推荐的调整方法，有两个优点。第一，FHS 克服了第一代 HS 方法和 BRW 方法以静态不

变的方式处理波动率的问题。根据当前波动率对历史场景进行更新，FHS 提高了保证金模型对市场新信息的反应速度，因此被多家国际主流交易所在实际业务中使用。第二，FHS 方法不仅可以用于设定单一合约的保证金，也可以用于计算复杂投资组合的组合保证金。为了提高用 VaR 方法计算得到的保证金的安全性，可以根据产品或者市场的性质调整 FHS 方法计算参数，比如对于股指期货合约，提高衰减因子的取值、降低衰减速度通常可以获得更好的 VaR 估算结果。

（二）设置保证金下限和安全系数完善第二代 VaR 方法

虽然 FHS 方法和 BRW 方法有快速反应市场信息的优点，但如果保证金水平在市场平稳期间下降得过低，对于中央对手方本身而言，可能会无法覆盖突然发生的极端波动。从整个金融市场的整体考虑，当市场平稳时，保证金水平降低过快，有可能导致市场杠杆率上升，风险累计，最终引发危机，即出现保证金的顺周期问题。因此，交易所需要针对此问题对保证金计算方法进行调整。一个可行的做法是使用 HS 方法计算出一个保证金水平下限，以免保证金水平过低。交易所行业在设置该保证金下限时，一般采用超过 1000 天的历史采样区间。

而 FHS 方法和 BRW 方法的另一个问题是反应得不够充分，即估算结果和实际损失存在微小差异。这种问题可以通过增加安全系数进行调整，比如在 FHS 方法和 BRW 方法计算结果的基础上乘以 1.2 或者 1.3 作为安全系数，安全系数的具体数值可以通过对风险因子进行敏感度分析获得。

（三）每日进行模型回测以校准 FHS 方法的参数

保证金计算方法采用的参数对保证金最终计算结果有很大影响。HS 方法只有三个可调整参数：平仓时长、置信度水平和采样时长；BRW 方法除了这三个基础参数外，还增加了时间权重 λ；FHS 方法可设置的参数最多，如果采用移动加权平均方法（EWMA）估算波动率，则可设置的参数共7个，分别是：采样区间时长K；平仓时长n；置信度水平$x\%$；历史上波动率估算时间窗口P；历史波动率估算衰减因子λ；当前波动率估算时间窗口Q；当前波动率估算衰减因子μ。如果采用GARCH估算FHS方法中使用的波动率，则可设置的参数更多。

模型可调整参数多，虽然增加了保证金模型敏感性分析[①]的复杂程度，但也意味着保证金模型更容易通过校准参数达到更好的风险覆盖效果。但是，交易所也需要意识到，不存在一个对所有市场和所有时期都适用的最优参数，一组参数可能在一段时间带来最优的保证金计算结果，但随着市场风险性质的调整，该组参数可能丧失其最优性，因此，如果采用FSH模型，需要每日进行回测和敏感度分析。在回测显示保证金模型不能满足覆盖要求或者独立性要求时，应及时调整保证金计算的参数以保证可靠性。

第四节　模型回测——保证金合理性评估工具

保证金不是越低越好，也不是越高越好，而是应该和风险水平相对应，即保证金模型需要准确覆盖风险，因此，一个保证金模型在被使用之前必须进行验证。验证工具之一就是模型回测（Backtest）。模型回测的概念十分简单，即检验实际发生的亏损和使用保证金模型预测的保证金数值是否一致。虽然该概念不难理解，但是在实践中如何选取正确的统计学方法来进行回测，如何评价得到的统计学检验结果，以及如何修正不准确的保证金模型等问题都需要交易所谨慎考虑。

---

① 保证金模型敏感性分析，是指分析不同保证金参数的变动对保证金计算结果的影响程度。

一、保证金模型回测的概念和作用

从广义上来说，任何用于预测未来的模型都应该进行模型回测，比如预测未来汇率走势的模型在真实的汇率产生后，应该回溯其预测的质量，即计算预测数值和实际数值的偏离程度。但在衍生品风险管理领域，保证金模型回测①是指事后通过比较观察到的损益和保证金模型的计算结果。

保证金模型回测的必要性非常容易理解：通过保证金模型计算出的保证金用于覆盖投资组合在未来一段时间内的风险敞口，那么交易所应该评价该模型计算出的保证金结果是否足够可靠。保证金水平不能低于实际发生的损失，但也不能过度估计损失。保证金模型回测就是一个可以诊断保证金模型是否合理的工具。如果保证金计算方法不能准确地预测风险敞口规模，就需要找到导致该问题的原因，是错误的假设还是错误的参数。一般而言，如果保证金模型是有效的，那么回测结果起码需要证明该保证金模型具有"无条件覆盖属性（Unconditional Coverage）"和"独立性属性（Independence）"，除此之外还应该进行偏离度检验，以评估错误预测和真实损失之间的差距。

（一）无条件覆盖属性

保证金的无条件覆盖，即保证金需要以高于预先给定的置信度覆盖平仓时长内的损失。预估的保证金数值不能覆盖实际损失的事件被称为"例外事件"。直观上说，如果保证金的平仓时长是 1 天，置信度是 99%，那么 100 天中，应该只有 1 次例外事件，即保证金水平不能覆盖未来 1 天的持仓损失的事件。但是在实际中，例外事件很难正好等于基

---

① 《金融市场基础设施原则》，第 55 页，原文为："Backtesting is an ex – post comparison of observed outcomes with the outputs of the margin models."

于置信度水平算出的数值。比如，在 99% 的置信度水平下，理论上 1000 天应该有 10 次例外事件，但 1000 天内发生 11 次例外事件可能属于正常的误差，11 次例外事件和 10 次例外事件可能没有本质区别，因此在统计学上不能判断该保证金模型无效，该模型可能依然是有效的。相反，如果很长时间内都没有发生例外事件，则保证金可能设置得过于保守。所以，需要从统计学角度对获得的回测结果进行无条件覆盖检验来判断保证金模型是否满足预设置信度水平的要求。

（二）独立性属性

如上所述，无条件覆盖检验只考虑例外事件出现的频率，而忘记考虑例外事件出现的顺序，即例外事件的发生是否相互独立。保证金模型的独立性属性表现为例外事件不能聚集。如果出现例外事件聚集现象，也就是说，一段时间内损失频繁超过预先设定的保证金，这就说明保证金模型对市场风险没有足够的反应能力。保证金模型的例外事件应该是无记忆的，也就是说，今天发生例外事件的概率和昨天是否发生这个事件无关。例外事件独立性的检验被称为独立性检验。

如果一个保证金方法同时具有以上两个属性，那么就可以认为该保证金计算方法具有“条件覆盖（Conditional Coverage）①”的属性。

有很多方法可以对保证金模型进行无条件覆盖检验和独立性检验，还有方法可以同时进行这两个属性的联合检验。虽然联合检验可以同时检验两个属性，但 Campbell（2005）② 的研究认为，联合检验的效力不如分别执行无条件覆盖和独立性检验，即可能发生一个保证金计算方法通过了无条件覆盖检验，没有通过独立性检验，但是依然可以通过联合检验的情况。因此，交易所在评估保证金合理性时，一般同时进行无条

① 之所以将这种覆盖称为“条件覆盖”，是因为这类统计学检验不仅考虑了例外事件的次数，还考虑了例外事件之间的关系。

② Sean D. Campbell, 2005. “A review of backtesting and backtesting procedures,” Finance and Economics Discussion Series 2005 - 21, Board of Governors of the Federal Reserve System（U. S. ）.

件覆盖检验和独立性检验。

（三）偏离度检验

关于模型回测的学术研究和业界实践主要涉及无条件覆盖检验和独立性检验，一般认为只要满足了“条件覆盖”，那么这个保证金计算方法就是有效的。但是实际上无条件覆盖检验和独立性检验都遗失了例外事件代表的一项重要信息，即预测结果和实际结果的偏差程度。比如一天的实际损益是8%，保证金计算方法一和方法二对该天最大损失的估算分别是7.1%和1%。对于这两种方法，都发生了例外事件，但是使用这两种方法给交易所风控造成的影响显然是不同的，方法一显然优于方法二，因为在发生违约时，使用方法一的交易所会拥有更多的财务资源。即使两个保证金计算方法有同样的无条件覆盖检验和独立性检验结果，我们也应该更信任偏离程度小的保证金方法，因此，在条件覆盖检验的基础之上还需要进行偏离度检验。

二、模型回测基本方法

进行模型回测的第一步是根据保证金水平和实际损益计算例外事件序列。例外事件序列由一串0和1组成，如果发生了例外事件则计1，没有发生则计0，具体的数学表述如公式（3－1）。

$$I_{t+n}(\alpha)=\begin{cases}1, & x_{t,t+n}\leqslant -IM_t(\alpha)\\0, & x_{t,t+n}> -IM_t(\alpha)\end{cases} \tag{3-1}$$

其中：

n：平仓时长；

α：预先确定的保证金不能覆盖损失的概率，即 $\alpha=1-$ 置信度水平；

$x_{t,t+n}$：t 日至 $t+n$ 日内的实际损益；

IM_t：t 日的初始保证金计算结果。

获得了该序列后，测试保证金的无条件覆盖性和独立性可以通过多种统计学方法实现。

进行偏离程度检验还需要获得偏离程度序列，具体的数学表述如公式（3－2）：

$$D_{t+n}(\alpha)=\begin{cases}|x_{t,t+n}|-IM_t(\alpha), & x_{t,t+n}\leqslant -IM_t(\alpha)\\ 0, & x_{t,t+n}>-IM_t(\alpha)\end{cases} \tag{3-2}$$

（一）无条件覆盖检验方法

无条件覆盖检验的目标是检验例外事件发生的频率符合预先设定的置信度水平。常用的检验方法有失败比例检验（Proportion of Failiure，简称 POF）和正态检验。

1. 失败比例检验

使用 POF 检验方法进行模型回测的方法由 Kupiec（1995）[①] 提出。POF 检验使用“拟然比（Likelihood Ratio，简称 LR）”作为统计量，该统计量示意性的计算公式如公式（3－3）。

$$LR=-2\ln\left(\frac{\text{原模型的可能性}}{\text{替代模型的可能性}}\right) \tag{3-3}$$

LR 是一个常用的统计量，用于检验两个模型的相似程度（Goodness of Fit），表示的是原模型出现某结果的机会是替代模型出现该结果的机会的多少倍。如果两个模型出现同一结果的比例接近 1，即可认为原模型可以被替代模型替代。使用保证金模型回测的语言重新描述该问题——如果计算出的例外事件序列中出现 1 的概率和预设的置信度水平一样，那么保证金覆盖风险的能力符合要求。

该统计量服从自由度为 1 的卡方分布（Chi－square Distribution），

① Kupiec，P. H.，1995，“Techniques for Verifying the Accuracy of Risk Measurement Models”. The Journal of Derivatives，3，73－84.

用公式（3－4）表示。

$$LR = -2\ln[(1-\alpha)^{T-H} \times \alpha^{H}] + 2\ln\left[\left(1-\frac{H}{T}\right)^{T-H} \times \left(\frac{H}{T}\right)^{H}\right] \xrightarrow[T\to\infty]{d} \chi^{2}(1) \tag{3-4}$$

其中：

α：预先确定的保证金不能覆盖损失的概率，即 $\alpha=1-$置信度水平；

H：例外事件（Hit）发生的次数；

T：进行回测的时间区间的日期数。

2. 正态检验

除了使用POF检验外，也可以使用正态检验方法来检验保证金模型的无条件覆盖情况。使用正态检验的基本假设是例外事件发生的次数符合二项式分布，然而，当回测时间区间足够长时，二项式分布可以由正态分布近似。正态检验使用Z作为统计量，其计算公式为公式（3－5）。

$$Z=\frac{H-\alpha\times T}{\sqrt{\alpha\times(1-\alpha)\times T}}\rightarrow N(0,1) \tag{3-5}$$

其中：

α：预先确定的保证金不能覆盖损失的概率，即 $p=1-$置信度水平；

H：例外事件（Hit）发生的次数；

T：进行回测的时间区间的日期数。

Z 统计量比 LR 统计量更具有一致性，在 $H=0$ 时，即回测时间区间内没有例外事件发生，则无法定义 LR①。而此时 Z 统计量的值为0，依然具有意义。在实践中，尤其是回测时间区间相对较短或者置信度水平相对较高时，比如置信度水平设为99.7%时，$H=0$ 的情况很有可能发生，因此，采用“失败比例检验”会出现结果不一致的问题。Z 检验

① 因为Ln函数取0没有定义。

可以进行单边检验，而 POF 检验是双边检验，即 POF 检验的是覆盖度是否正好为预设的置信度水平，大于置信度或者小于置信度都可能拒绝原假设，因此，POF 方法还可以用于检验保证金水平设置得过于保守的情况，即实际覆盖情况远高于置信度，比如置信度设为 90%，而实际例外事件的发生比例仅为 0.2%。

（二）独立性检验方法

保证金模型的独立性属性最常用的统计学检验方法是 Christoffersen（1998）[①] 提出的“一阶 Markov 检验”，该检验同样利用“拟然比（LR）”作为统计量。一阶 Markov 检验使用的假设是：保证金不能覆盖的事件是无记忆的，即今天发生例外事件的概率和昨天是否发生此事件无关。因此，进行独立性检验需要获得如表 3－7 所示的情形分析表，然后由表 3－7 获得相关比例矩阵（见表 3－8）。

表 3－7　　情形分析表

	$I_{t-1}=0$	$I_{t-1}=1$	
$I_t=0$	N_{00}	N_{10}	$N_{00}+N_{10}=T-H$
$I_t=1$	N_{01}	N_{11}	$N_{01}+N_{11}=H$
	$N_{00}+N_{01}$	$N_{10}+N_{11}$	T

表 3－8　　相关比例矩阵

	$I_{t-1}=0$	$I_{t-1}=1$
$I_t=0$	$\frac{N_{00}}{N_{00}+N_{01}}=\pi_{00}$	$\frac{N_{10}}{N_{10}+N_{11}}=\pi_{10}$
$I_t=1$	$\frac{N_{01}}{N_{00}+N_{01}}=\pi_{01}$	$\frac{N_{11}}{N_{10}+N_{11}}=\pi_{11}$

---

① Christoffersen, P. F., 1998, “Evaluating interval forecasts”, International economic review, 841－862.

一阶 Markov 检验的统计量 LR_{IND}遵循自由度为 1 的卡方分布，计算公式如公式（3－6）。

$$LR_{IND} = -2\ln\left[\left(1-\frac{H}{T}\right)^{T-H} \times \left(\frac{H}{T}\right)^{H}\right] + 2\ln\left[(1-\pi_{01})^{N_{00}} \times \pi_{01}{}^{N_{01}} \times (1-\pi_{11})^{N_{10}} \times \pi_{11}{}^{N_{11}}\right] \quad (3-6)$$

该检验虽然可以识别例外事件的聚集情况，但缺点是不能检验其他更广泛形式的相关性，即通过一阶 Markov 检验可以检测出今天发生的例外事件和昨天的例外事件无关，但是今天发生的事件可能和一周之前的事件有关，这种相关关系无法被该检验方法识别。

为了解决这一问题，Christoffersen（2004）① 提出了基于区间的独立性检验方法用于检验更广泛的相关关系，该方法同样基于例外事件的无记忆性特征，检验的原假设是：例外事件发生的时间间隔服从指数分布。这种基于区间的检验方法的缺点是原假设的替代假设②参数需要使用极大似然法进行数值估计，有时会无法求出数值解，计算的速度和稳定程度都弱于一阶 Markov 检验。

（三）偏离度检验方法

对于偏离程度检验，一个直观的统计量是一段时间内所有偏离值的平均数。该统计量越大，则说明如果发生例外事件，预测结果和实际损失的差距越大，保证金计算方法越不合适。同理，还可以计算所有偏离值中的最大值。偏离度检验的缺陷是该方法只能检验保证金不足的情况，而不能发现保证金过度征收的情况，因此不能有效识别过度保守的保证金计算方法。比如，当市场波动性降低，而保证金水平很高，偏离度检验的结果将会很好，因为偏离数值的平均数可能是 0。

---

① Christoffersen, Peter and Pelletier, Denis, 2004, "Backtesting Value－at－Risk: A Duration－Based Approach", Journal of Financial Econometrics, Vol. 2, p. 84－108.

② 替代假设是例外事件的时间间隔服从 Weibull 分布，之所以选择 Weibull 分布作为替代假设，主要是因为当 Weibull 分布的参数 b 等于 1 时就是指数分布。

三、模型回测方法实际应用案例——股指期货保证金回测

为了解释在实践中如何对保证金进行回测，本书使用模型回测方法分别对采用上文提到的历史模拟 VaR 方法、经时间加权的历史模拟法和过滤历史模拟法计算得到的股指期货的保证金进行回测。保证金计算以 99% 作为置信度水平，2 天作为平仓时长，回测使用中国金融期货交易所上市的沪深 300 股指期货真实交易数据，以 800 个交易日作为回测的样本。

（一）条件覆盖检验

无条件覆盖检验和独立性检验的结果的总结见图 3－5 和表 3－9。

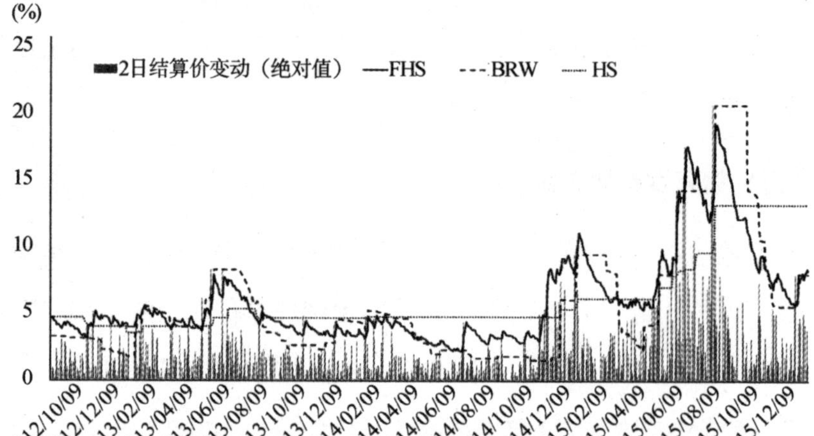

图 3－5　沪深 300 股指期货保证金模型回测结果（800 天样本）①

数据来源：Wind 数据终端。

图 3－5 中的柱状图显示的是沪深 300 股指期货结算价在 2 个交易日间价格变化的绝对值。可以看出，2013 年 6 月至 8 月，2014 年 12 月

---

① 对 2 天的损益为正数的情况（涨幅）进行反转。

和 2015 年 6 月至 8 月是对保证金计算比较有挑战的时间段，出现了多次保证金不足事件。

表 3－9　保证金计算方法无条件覆盖和独立性检验结果总结（800 天样本）

保证金计算方法		HS	BRW		FHS		临界值（1% 显著性水平）
			$\lambda=0.94$	$\lambda=0.97$	$\lambda=0.94$	$\lambda=0.97$	
例外次数		19	29	20	17	14	NA
无条件覆盖检验	POF 检验（LR_{UC} 统计量）	11.02	33.26	12.83	7.73	3.71	6.63
	正态检验（Z 统计量）	3.91	7.46	4.26	3.20	2.13	2.33
独立性检验	Christofferson 一阶 Markov 检验（LR_{ind} 统计量）	17.42	17.43	16.31	19.89	10.72	6.63

由表 3－9 可以看出，在 1% 的显著性水平下，以两天作为平仓时长，99% 作为置信度水平的 HS 方法和 BRW 方法都没有通过无条件覆盖检验和独立性检验，仅有采用 0.97 衰减因子的 FHS 方法通过了无条件覆盖检验，但是也没有通过独立性检验。说明如果对沪深 300 股指期货合约直接应用这三种方法，都存在一定问题。

虽然模型回测的最终结果对选择保证金方法有一定参考，其更重要的作用是分析为何回测会失败，即为何会出现过多或者过于密集的保证金不足事件。通过检查回测数据，可以将出现保证金不足事件的原因总结为三类。

1. 历史采样区间中缺乏极端样本

如表 3－10 所示，2013 年 6 月 6 日，FHS 方法在 800 天的采样区间内第一次出现保证金不足事件，另外两种保证金方法计算出的结果也均出现了保证金不足，这主要是因为 2013 年 6 月之前市场平稳，没有出现过 6% 的极端损失，历史模拟法的场景中没有极端事件样本，这属于历史模拟法本身性质导致的问题。缺乏极端样本的问题可以通过在样本中增加压力场景的方式解决。

表 3－10　缺乏极端样本导致的保证金不足事件（2013 年 6 月 6 日）

日期	2 天实际损益①	FHS 保证金	BRW 保证金	HS 保证金
2013 年 6 月 4 日	－1.005%	3.77%	3.67%	3.93%
2013 年 6 月 5 日	－2.998%	3.76%	3.65%	3.93%
2013 年 6 月 6 日	－6.058%	3.69%	3.63%	3.93%

2. 保证金计算方法对当前信息反应过快

当市场相对平静，如果保证金计算方法对当前信息反应过快，则会立即下调保证金水平，一旦市场出现小幅波动，则会出现保证金不足事件，一个典型的案例就是表 3－11 所示的 2014 年 9 月 12 日发生的事件。当日 BRW 方法计算的保证金不足，这是因为这段时间市场平稳，BRW 方法比其他两种方法更快地下调了保证金。其实，这种问题可以通过设置保证金水平下限的方式解决。

表 3－11　保证金计算方法反应过快导致的保证金不足事件（2013 年 9 月 12 日）

日期	2 天实际损益	FHS 保证金	BRW 保证金	HS 保证金
2014 年 9 月 10 日	0.000%	3.25%	1.57%	4.70%
2014 年 9 月 11 日	0.477%	3.24%	1.57%	4.70%
2014 年 9 月 12 日	－1.694%	3.14%	1.57%	4.70%

3. 保证金计算方法反应不足

除了保证金计算方法反应过度外，保证金计算方法对市场信息反应不足也会导致计算结果不足以覆盖风险。比如，表 3－12 所示的 2015 年 5 月 27 日发生的事件。当日，FHS 方法已经根据波动率调高了保证金，其保证金计算结果和实际发生的损失水平非常接近。

① 正数表示涨幅，负数表示跌幅。

表 3-12 保证金计算方法反应不足导致的保证金不足事件（2015 年 5 月 27 日）

日期	2 天实际损益	FHS 保证金	BRW 保证金	HS 保证金
2015 年 5 月 26 日	-5.610%	7.58%	4.10%	6.06%
2015 年 5 月 27 日	-7.802%	7.49%	4.10%	6.06%
2015 年 5 月 28 日	4.376%	7.98%	5.78%	6.06%

（二）偏离度检验

偏离度检验结果总结见表 3-13。

表 3-13 保证金计算方法结果偏离度检验总结

保证金计算方法	HS	BRW		FHS	
		$\lambda=0.94$	$\lambda=0.97$	$\lambda=0.94$	$\lambda=0.97$
平均偏离程度	0.07%	0.06%	0.05%	0.04%	0.04%
最大偏离程度	11.08%	6.40%	6.38%	8.11%	6.47%

偏离度检验可以得到两个结论：第一，FHS 方法和 BRW 方法优于 HS 方法。在出现例外事件的情况下，以使用 FHS 方法计算出的结果进行征收保证金，可以覆盖更多风险。第二，选择 0.97 作为衰减因子，优于选择 0.94 作为衰减因子。

四、应用模型回测的建议

（一）正确利用模型回测结果

模型回测是判断保证金模型合理性的重要工具，因此，选择保证金计算方法时，保证金计算方法的回测结果是重要的参考指标。但是，进行模型回测不仅是为了排除回测失败的保证金计算方法，更重要的是用于修正保证金计算方法。

前述案例对 99% 置信度水平下的单一合约的保证金计算结果进行

了回测。但在实际评估保证金计算方法时，除了对简单的含有一个合约的投资组合在单一的置信度水平上进行回测外，还需要回测该保证金模型对不同的投资组合，以及不同置信度水平下的计算结果。因为损益分布呈现厚尾特征，所以取不同的置信度，保证金计算方法的效力不同。若增加回测类别，回测失败的次数也可能增加，要求一个保证金计算方法同时通过所有检验是不现实的，更合理的方式是选择一个可以合理解释并修正发生例外事件的保证金计算方法。因为一旦明白了导致例外事件的原因，交易所就可以对保证金计算方法进行调整，比如通过改变波动率估算方法、调整采样区间、设置保证金水平下限等方式对保证金计算结果进行修正。

（二）回测是交易所调低保证金水平的依据

模型回测结果可以帮助期货交易所了解其保证金水平是否过高。如果回测结果显示交易所的保证金模型从不出现例外事件，那么说明交易所设置的保证金水平过度高估了风险。过高的保证金水平提高了市场参与者的交易成本，是对市场资源的浪费，那么此时交易所应该考虑适当降低保证金水平。

第五节　ES 接棒 VaR

2016 年 1 月，巴塞尔委员会在其新的市场风险计量标准中规定，使用预期损失（Expected shortfall，简称 ES）替代 VaR，该标准于 2019 年全面落地。当 J. P. Morgan 银行首次于 1996 年提出使用 VaR 作为风险测度时，VaR 的出现为金融风险控制行业带来了一场革命，VaR 由此成为金融业衡量风险的标准，巴塞尔委员会也迅速将 VaR 采纳作为计算银行资本金要求的工具。但随着 VaR 的大范围使用，学术界对其缺陷的评论逐渐增多。

2013 年 10 月，巴塞尔委员会发布了关于使用新的风险测度的咨询报告[①]。报告首次提议使用 ES 作为银行采用内部模型法计算资本金要求时的风险测度，以代替当时被业界广泛使用的 VaR，但是银行依然可以基于 VaR 方法进行回测。2016 年 1 月，巴塞尔委员会正式将此项提议变为了规定[②]，使用内部模型法计算资本金的银行需要在 2019 年之前完成由 VaR 到 ES 的转换。该提议受到了金融业和学术界的广泛批评，一部分原因是风险计量模型和回测检验的模型不一致，但更重要的原因是 ES 本身不具有“可探性（Elicitability）”，因此，学术界普遍认为 ES 不能进行模型回测。如果不能进行回测，则意味着其使用者不能检验 ES 计算结果的可靠性。但自 2014 年以来，金融业和学术界都设计出了针对 ES 的回测方法，扫清了 ES 替代 VaR 成为新一代风控测度的障碍。

一、ES 的定义和性质

（一）ES 的定义

ES[③] 在 2002 年被提出，是基于 VaR 引申出的风险测度，因此也被称为“条件在险价值（Conditional VaR，简称 CVaR）”。实际上，在 2013 年巴塞尔委员会建议使用 ES 替代 VaR 之前，ES 就已经被一些金融机构和金融市场基础设施用来测算风险敞口。例如，伦敦清算所（LCH Clearnet）的利率互换合约清算业务使用的 PARIS（Portfolio Approach to Interest Rate Scenarios）保证金计算方法就是使用 ES 作为风险

① Basel Committee on Banking Supervision. Fundamental review of the trading book: A revised market risk framework, October 2013, available on the BIS website (www. bis. org).

② Basel Committee on Banking Supervision. Minimum capital requirements for market risk, January 2016, available on the BIS website (www. bis. org).

③ Acerbi, C., D. Tasche (2002). Expected Shortfall: A natural coherent alternative to Value at Risk. Economic Notes 31 (2), 379 – 388.

测度的。

ES，是指大于 VaR 的损失的期望值。当损益分布是连续型随机变量时，ES 数学公式表述如公式（3－7）。

$$ES_{\alpha} = -\frac{1}{\alpha}\int_{0}^{\alpha}P^{-1}(q)dq \tag{3-7}$$

其中，α 是给定的概率，$VaR_{\alpha} = -P^{-1}(\alpha)$。如果用条件期望来表示，$ES$ 的定义还可以写成公式（3－8）：

$$ES_{\alpha} = -E[X \mid X + VaR_{\alpha} < 0] \tag{3-8}$$

直观来看，VaR 表示在一定概率下，投资组合在固定时间内的最大损失，即 VaR 告诉使用者情况有多糟，而 ES 则告诉使用者，如果糟糕的情况发生了，损失的期望是多少，使用者也可以通过图 3－6 来理解 ES 和 VaR 的区别。

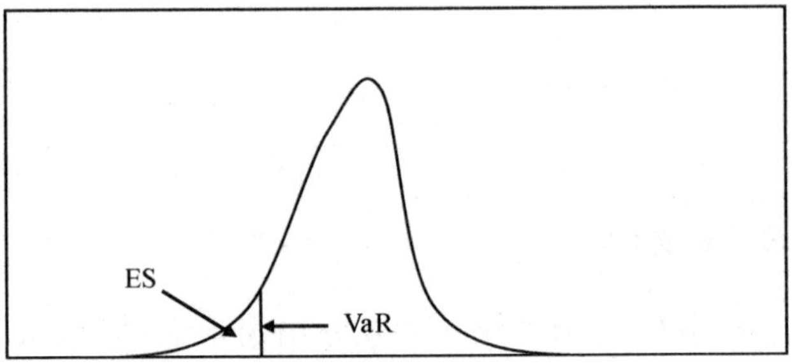

图 3－6　ES 和 VaR 的区别

（二）使用 ES 替代 VaR 的原因

ES 方法克服了 VaR 方法的两个显著缺点：无法描述尾端风险和无法体现分散化投资降低风险的效果。

1. ES 方法可以更好地描述尾端风险

VaR 方法存在低估尾端风险的缺陷。可以通过图 3－7 中的 A 和 B 两种损益分布的 VaR 方法计算结果来说明 VaR 在衡量尾端风险方面不足。

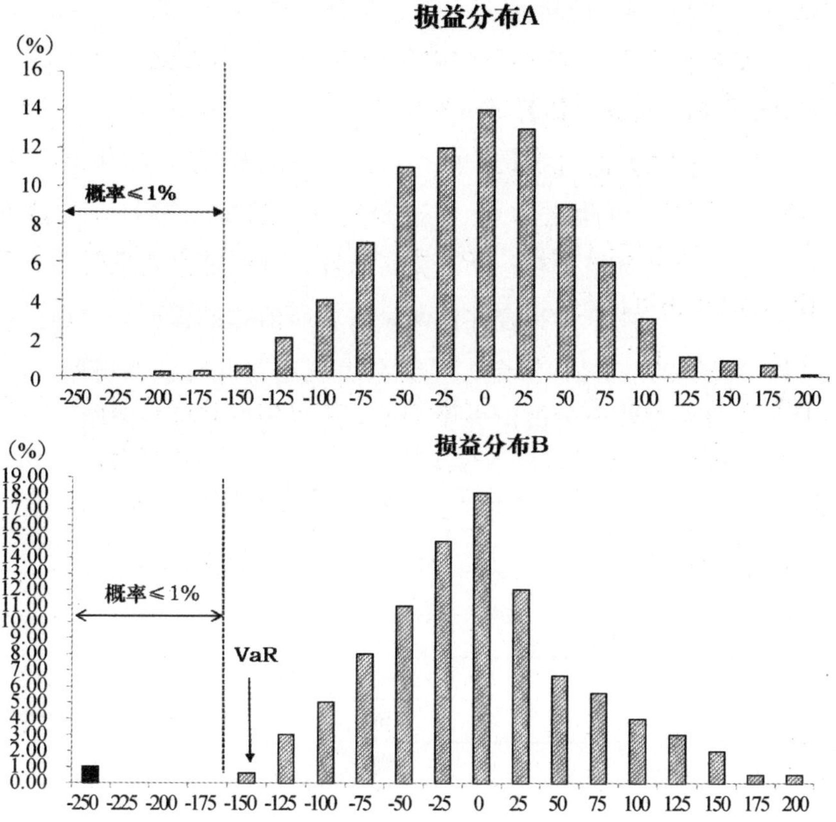

图 3－7　尾端不同的损益分布 A 和损益分布 B

图 3－7 中的分布 A 和分布 B 在 99% 的置信度水平下的 VaR 数值相同，因此，如果以 VaR 作为风险测度，交易所会认为两种分布代表的风险水平一样。但是由于两个分布具有不同的尾端分布，其风险是不同的——分布 B 显然有比 A 更厚的尾部（见图 3－7 中损益分布 B 的标黑部分），因此其风险明显高于分布 A。使用 VaR 作为风险测度，无法体现两种分布风险的不同，而 ES 方法由于对置信度之外的损失求取期望平均值，相对 VaR 而言可以更好地衡量尾端风险。

2. ES 方法可以体现分散化投资在降低风险方面的作用

VaR 不具有的“次可加性”，因此无法正确衡量分散化投资降低风险的作用，可能得出不符合常识的风险估算结果。次可加性的数学表述见公式（3－9）。风险度量 m 具有次可加性，如果对于两个损失分布 L_1 和 L_2，m 满足：

$$m\ (L_1+L_2)\ \leqslant m\ (L_1)\ +m\ (L_2) \tag{3-9}$$

对次可加性的直观理解是：两个合约构成的投资组合的风险不能高于两个合约分别的风险之和①。将这个特性转换成金融行业的情况则是：如果将一个投资组合在一个清算所清算，其保证金要求不会大于将此投资组合拆分成两个子组合并在两家清算所清算的保证金之和。如果采用 VaR 方法计算初始保证金，可能会出现违背此特征的情况，而 ES 方法克服了这项缺陷，可以用表 3－14 中简化的例子进行说明。

表 3－14　VaR 方法和 ES 方法"次可加性"的对比

项目	子投资组合 1	子投资组合 2	总投资组合
场景 1 的损益	10	20	30
场景 2 的损益	－30	－20	－50
场景 3 的损益	－40	－30	－70
场景 4 的损益	－10	－100	－110
场景 5 的损益	－80	－10	－90
场景 6 的损益	0	10	10
场景 7 的损益	90	5	95
场景 8 的损益	－60	－40	－100
场景 9 的损益	10	30	40
场景 10 的损益	－5	15	10
VaR（置信度水平为 80%）	40	30	90
ES（置信度水平为 80%）	70	70	105

假设我们使用 80% 作为置信度水平，那么可以看出，使用 VaR 方法计算出的总投资组合的初始保证金为 90，大于对两个子投资组合分别计算得到的保证金之和 70。而使用 ES 方法计算出的总投资组合的初始保证金为 105，小于对两个子投资组合分别计算得到的保证金之和

① 因为多个合约构成的投资组合可以分散非系统性风险（Diversification）。

140。因为不具有次可加性，VaR 获得的结果违反了风险控制的常识，所以会对组合保证金业务构成障碍，而 ES 方法则没有此问题。

二、ES 的可回测性和不可探性

（一）ES 不具有可探性

“可探性”的概念在 2011 年第一次被引入金融风控行业，在此之前，风控经理们从未听过风险测度的“可探性”。风险测度可探性的概念由 Gneiting（2011）提出①，主要应用于挑选风险测度。如果一个统计量具备可探性，那么该风险测度可比较，即使用者可以对不同方法计算出的结果进行比较，挑选出最优估计。并不是所有风险测度都具备“可探性”这个属性，VaR 是可探的，而 ES 则不具有可探性。

可探性的研究来源于挑选最优预测模型的需求。多种方式可以比较预测结果的好坏，表 3－15 列出了最常见的用于评价预测的打分函数。

表 3－15　　常用打分函数

计算公式	名称
$S(x, y) = (x-y)^2$	误差平方
$S(x, y) = \lvert x-y \rvert$	绝对误差
$S(x, y) = \left\lvert \frac{x-y}{x} \right\rvert$	相对误差
$S(x, y) = (1_{(x \geqslant y)} - \alpha)(x-y),\ 0<\alpha<1$	加权绝对误差

获得了打分函数后，就可以通过公式（3－10）评价预测模型的质量：

$$\bar{S} = \frac{1}{n}\sum_{i=1}^{n} S(x_i, y_i) \tag{3-10}$$

① Gneiting T.，2011，“Making and Evaluating Point Forecasts”，Journal of the American Statistical Association 106，(494).

其中，n 代表预测的次数，x_i 是预测值，而 y_i 是实际观测值。误差小表示预测准确，因此，$\bar{S}$ 值越小，则说明预测模型越优。但如果使用不同的打分函数，对比的结论可能不一致：比如模型 A 的误差平方小于 B 的误差平方，而模型 B 却有更小的相对误差，那么到底应该根据哪一个打分函数来评价模型呢?

为了解决预测模型评价标准不一致的问题，Gneiting 提出了风险测度的“一致性打分函数（Consistent Scoring Function）”的概念，并在此概念的基础上进一步定义了风险测度的“可探性”。

预测风险实际上是预测损益的分布，如果使用数学语言来表述，VaR[①] 和 ES 等风险测度实际上是损益分布的泛函[②]。因此，Gneiting 对“一致性的打分函数”给出了如公式（3－11）的数学定义。定义风险测度 T（F）是预测损益分布函数 F 的泛函，如果打分函数对所有预测损益分布 F 和所有 $x \in R$ 都满足如下条件，则该打分函数是一个“一致的打分函数”。

$$E_F\{s[T(F),Y]\} \leqslant E_F[s(x,Y)] \tag{3-11}$$

如果 $E_F\{s[T(F),Y]\} = E_F[s(x,Y)]$ 当且仅当 $x = T(F)$ 时成立，那么则认为打分函数 s 是“严格一致”的打分函数。

在此基础之上，泛函 T 的可探性的数学定义为：当且仅当泛函 T 存在一个严格一致的打分函数 s 时，泛函 T 是可探的。如果用风控语言表述，即如果存在一个打分函数，使用这个打分函数来评估风险测度时，该风险测度估计误差的期望是最小的，那么该风险测度就是可探的。加权绝对误差函数对于 VaR 来讲是严格一致的打分函数，即 VaR 满足不等式（3－12）：

$$E_F\{[1_{VaR(F)\geqslant y} - \alpha][VaR(F) - y]\} \leqslant E_F[(1_{x\geqslant y} - \alpha)(x - y)] \tag{3-12}$$

① 本质上是损益分布的分位数。

② 泛函，是指定义域为函数，值域为实数的函数。

VaR 是一个具有可探性的风险测度，但是 ES 是一个不可探的风险测度。ES 不具有“可探性”这个特征令学术界发现 ES 不再是一个完美的风险测度，并且一部分研究者认为“不可探”意味着“不可回测”。

（二）可探性与可回测的关系

当学术界证明了 ES 不具有可探性时，ES 的反对者们似乎找到了最好的抵制 ES 的理由。实际上，可探性仅和风险测度的模型选择有关，和模型检验没有关系。也就是说，不具备可探性的风险测度依然可以进行回测，而具备可探性的统计量则不一定可以进行回测。例如众数具有可探性，但是并不能被回测。

可探性允许使用者使用同一组实际观测值来比较多个风险测度模型，比如，交易所有多个 VaR 模型[①]备选，那么使用 VaR 模型对应的“一致打分函数[②]”就可以从这些 VaR 模型中选出最优模型。但是这是模型选择的过程，并非模型验证，被清算所淘汰的 VaR 模型虽然并非最优模型，但依然可能是合格的 VaR 模型，即满足无条件覆盖要求[③]和独立性要求[④]。因此，ES 的不可探性和监管机构对风险估计模型的验证要求并不矛盾。

三、ES 回测方法

ES 虽然不具有可探性，但是可以被回测。ES 回测的主要难点在于

---

① 各 VaR 模型的不同主要是指损益分布的估计方式不同，例如使用历史模拟法获得损益分布或者使用参数法获得损益分布。

② VaR 对应的一致打分函数是加权绝对误差函数。

③ 保证金的无条件覆盖，即保证金需要以高于预先给定的置信度（Confidence Level）覆盖平仓时长（Close - out Period）内的损失。

④ 如果一个保证金计算方法同时具有以上两个属性，那么我们就可以说该保证金计算方法具有“条件覆盖”（Conditional Coverage）的属性。

ES实际上是一个区间估计——因为ES是大于VaR的所有损失的期望，但最终实现的损益仅是一个值，所以ES的回测不能直接采用VaR回测的方法。VaR的回测一般是分别检验VaR模型的无条件覆盖和独立性属性，而目前学术界和金融业界使用的ES回测方法主要有两类，一类是基于VaR进行的回测，另一类是回测实际的损益分布函数和预测的损益分布函数一致。实际上后者是一个更广泛的方法，VaR模型同样可以使用该方法进行回测。

另外，需要说明的是，下面介绍的两种回测方法只检验ES的无条件覆盖属性，并不检验ES的独立性。巴塞尔委员会对银行的回测要求也仅限于进行无条件覆盖检验，而交易所在实践中也很少使用统计学方法检验风险度量模型的独立性，一般都是通过风控人员人工识别潜在的风险聚集事件①。

（一）基于VaR回测的ES回测

我们可以基于VaR的回测进行ES的回测。具体而言，这种回测方法需要在VaR方法通过无条件覆盖的检验之后进行。假设每天$t=1, \cdots, T$，实际损益分布函数为F，预测的损益分布函数为P，置信度水平为$1-\alpha$，ES检验的原假设和替代假设如下：

原假设H_0：预测损益分布的尾端分布和实际损益分布的尾端分布一致，即$P_t^\alpha = F_t^\alpha$。

备择假设H_1：$ES_{\alpha,t}^P \leqslant ES_{\alpha,t}^F$，并且$VaR_{\alpha,t}^P \leqslant VaR_{\alpha,t}^F$。

因为根据ES的定义，可以得到等式（3-13）：

$$-E\left[\frac{X_t + ES_t}{ES_t}\middle| X_t + VaR_t < 0\right] = 0 \tag{3-13}$$

所以对ES进行回测可以使用统计量Z_1：

① 主要是因为当前独立性检验的能力较低，当样本较小时，无法准确检验出模型的独立性，而巴塞尔委员会要求的采样区间仅为1年。

$$Z_1(\vec{X}) = \frac{\sum_{t=1}^{T} \frac{X_t I_t}{ES_t}}{\sum_{t=1}^{T} I_t} + 1 \tag{3-14}$$

其中，I_t 是 VaR 回测时使用的例外事件序列，如公式（3－15）：

$$I_t = \begin{cases} 1, & X_t < -VaR_t \\ 0, & X_t \geq -VaR_t \end{cases} \tag{3-15}$$

因此原假设可以转化为 $E_{H0}[Z_1(\vec{X})] = 0$，那么备择假设是 ES 低估了风险，即 $E_{H1}[Z_1(\vec{X})] < 0$。该检验实际上检验的是实际损失超过 VaR 值的幅度，而不检验实际损失超过 VaR 的事件的发生概率。因此，该检验的基础是 VaR 通过了无条件覆盖检验，即实际损失超过 VaR 的事件的发生概率已经符合置信度水平的要求。

（二）直接回测 ES

除了基于 VaR 的回测进行 ES 的回测外，还可以直接回测 ES。直接回测 ES 的方法采用和基于 VaR 的检验一样的原假设和替代假设，即：

原假设 H_0：预测损益分布的尾端分布和实际损益分布的尾端分布一致，即 $P_t^{\alpha} = F_t^{\alpha}$。

备择假设 H_1：$ES_{\alpha,t}^{P} \leqslant ES_{\alpha,t}^{F}$，并且 $VaR_{\alpha,t}^{P} \leqslant VaR_{\alpha,t}^{F}$。

但是该回测方法采用了和基于 VaR 的检验不一样的统计量——直接对 ES 进行回测使用统计量 Z_2：

$$Z_2(\vec{X}) = \sum_{t=1}^{T} \frac{I_t}{T\alpha\, ES_{\alpha,t}} + 1 \tag{3-16}$$

因为根据 ES 的定义，有公式（3－17）：

$$-E\left[\frac{X_t I_t}{\alpha}\right] = ES_{\alpha,t} \tag{3-17}$$

所以原假设可以转化为：$E_{H0}[Z_2(\vec{X})] = 0$，那么备择假设是 ES，低估了风险，即 $E_{H1}[Z_2(\vec{X})] < 0$ 。

从统计量 Z_2 的定义①中可以看出，和基于 VaR 进行 ES 回测时使用的假设不同，直接回测法需要同时考虑实际损失超过 VaR 值的幅度和实际损失超过 VaR 的事件的发生概率。

不论使用上述哪种方法，在计算出统计量 Z 之后，都需要再计算 p 值。因为上述两种回测方法都不假设统计量服从任何已知的分布，所以必须使用 Monte - Carlo 模拟的方法来获得 $Z(X_t)$ 的分布，然后获得 p 值。也就是说，反复随机抽取 $X_t \sim P_t, \forall t$ ，然后计算获得 $Z(X_t)$ 的分布 P_z ，最后根据该分布计算获得 p 值，即 $p = P_z[Z(\vec{X})]$ 。

四、ES 和 VaR 计算保证金的对比

使用我国沪深 300 股指期货的每日结算数据，评估以 2 天作为平仓时长②的情况下，分别使用前文介绍过的历史模拟方法（HS）计算出 97.5% 的置信度水平下的 ES 和 99% 的置信度水平下的 VaR③ 保证金结果。历史模拟法使用 500 天作为历史采样区间，最终计算结果的总结见图 3 - 8。

图 3 - 8 中沪深 300 股指期货的结算价使用带三角形标记的黑色实线表示，使用历史模拟法计算的 VaR 和 ES 分别用灰色实线和黑色虚线表示。VaR 计算出的保证金水平稳定，ES 的计算结果包含更多损益分布的尾部信息。因此，理论上，ES 值相对 VaR 值的变动会更频繁。但是在本例中，由于历史模拟法中的场景全部来自真实的历史价格变动，而沪深 300 股指期货的历史场景采样区间内缺乏一定数目的极端跌幅，尾端场景

---

① $Z_2(\vec{X}) = Z_1(\vec{X}) \frac{\sum_{t=1}^{T} I_t}{T\alpha}$。

② 本部分选取 2 天作为沪深 300 股指期货平仓时长的标准。

③ 如果损益服从正态分布，97.5% 的 ES 计算结果和 99% 的 VaR 的计算结果等价，因此，巴塞尔委员会要求银行在 2019 年之前完成由 99% 的 VaR 转换成 97.5% 的 ES。

的更新并不频繁，因此 ES 的变化也相对稳定，并未显示出频繁变动。

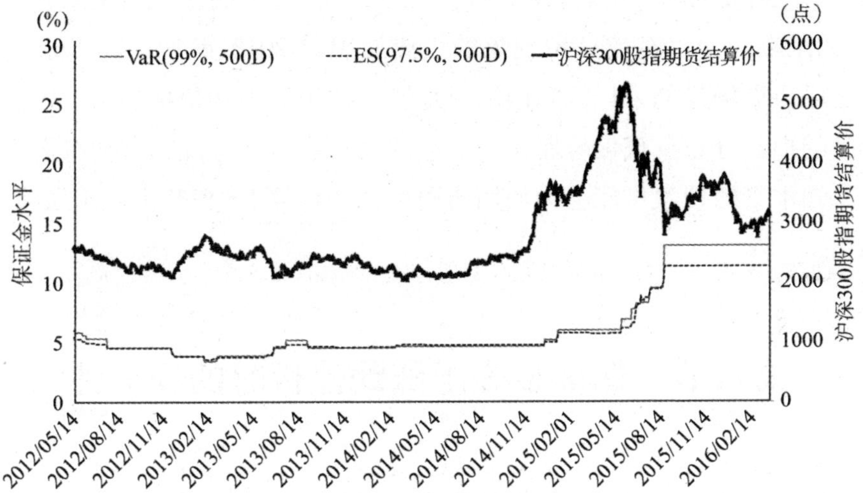

图 3－8　VaR 和 ES 计算沪深 300 股指期货保证金水平结果对比

数据来源：Wind 数据终端。

表 3－16 中具体显示了使用 ES 和 VaR 计算的 2015 年 8 月 25 日前后的保证金数值。2015 年 8 月 25 日前后发生了 2015 年初至 8 月的最大的市场连续跌幅，8 月 24 日和 8 月 25 日沪深 300 股指期货的主力多头合约的结算价单日跌幅分别为 10.45% 和 10.21%，两日跌幅高达 20.65%。

表 3－16　　2015 年 8 月 25 日前后的保证金水平对比

日期	历史模拟法		参数法（正态分布假设）	
	VaR（99%）	ES（97.5%）	VaR（99%）	ES（97.5%）
2015 年 8 月 26 日	13.15%	11.70%	14.83%	14.83%
2015 年 8 月 25 日	13.15%	11.48%	14.87%	14.87%
2015 年 8 月 24 日	10.5%	10.41%	13.81%	13.81%
2015 年 8 月 21 日	9.57%	9.88%	13.43%	13.43%

一个有趣的现象是，2015 年 8 月 24 日之后，历史模拟法下，97.5% 的置信度的 ES 值小于 99% 的置信度的 VaR 值——VaR 值的结果在 13% 左右，而 ES 值的结果在 11.5% 左右。通过和同日参数法下的

VaR 值和 ES 值的结果对比可以得知，使用历史模拟法获得的损益分布的 1% 的尾端区间并没有呈现厚尾现象①，1% 的尾端甚至比正态分布的 1% 的尾端还薄。造成这种现象的主要原因是 2013 年 8 月至 2015 年 8 月这段历史场景的采样区间内缺乏足够多的极端市场价格变动。权益类产品的损益分布呈现偏峰厚尾是一般的风控常识，因此，这种有别于常识认知水平的现象可能会为使用历史模拟法计算 ES 值带来一定风险。

第六节　保证金等于涨跌停板时的安全性

前面的章节对保证金计算的理论方法进行了具体介绍，本部分要讨论一个交易所保证金设计中的实践问题——保证金和涨跌停板的关系。在我国期货交易所的风险控制领域，保证金水平的设置一般和涨跌停板的范围有紧密的联系——商品期货交易所在扩大涨跌停板范围时也会配合提高保证金水平，以确保保证金可以完全覆盖涨跌停板。认为只要保证金和涨跌停板一致就可以覆盖风险的认知是错误的。理论上，保证金水平的设定并不应该和涨跌停板绑定，两者之间并无直接联系，保证金水平低于涨跌停板不一定会导致风险，而保证金水平和单日涨跌停板一致也并非绝对安全。

一、保证金水平和涨跌停板幅度无关的原因

（一）涨跌停板和保证金制度控制风险的方式不同

保证金和价格变动限制其实都是金融市场的风险控制措施。虽然实

① 该现象只能说明历史模拟分布在 1% 的尾端比正态分布的尾端薄，不能判断该分布整体是否不符合厚尾。如果要判断分布整体的厚尾情况，需要计算峰度（Kurtosis）值。

施的最终目标都是控制风险，但是这两种制度的适用时点、使用者以及控制风险的类型都存在差异。这些差异导致保证金水平应该独立于涨跌停板进行评估。

涨跌停板属于交易价格波动限制措施的一种，是典型的交易前风控制度，被组织交易的交易所使用，用于限制市场价格过度波动。涨跌停板将投资者在单日的最大损失限制在一定范围内，可提高交易者理性投资的程度，防止市场因为恐慌情绪而出现过度下跌的风险。和应用于交易前的价格波动限制制度不同的是，在大部分不设交易前端资金检查的衍生品市场中，保证金制度是典型的交易后风控措施，被清算所以及有清算职能的交易所使用，用于控制中央对手方面临的信用风险。我国境内期货交易所在交易前普遍实施前端资金检查，要初步检查保证金充足性，因此保证金在我国期货交易所承担了一定的交易前风控的职责，但这并不影响我们有效区别涨跌停板和保证金的不同作用——涨跌停板从根本上讲是避免市场出现涨跌停板以上的价格；而保证金的作用是当市场出现不利于中央对手方的价格变动时，保证中央对手方有足够的财务资源。

（二）保证金和涨跌停板的测算假设不同

另一个导致保证金水平需要独立于涨跌停板幅度进行评估的原因在于两者计算使用的是不同的市场假设。测算涨跌停板和确定保证金水平可以使用相同的评估工具，比如压力测试法和 VaR 方法都可以作为涨跌停板幅度以及保证金水平的测算工具。虽然可以使用相同的计算工具，但两者的设置目标是不同的：涨跌停板幅度的设置目标是避免极端市场情况下，期货价格在 1 天内出现不合理的波动，因此确定涨跌停板的关键在于找到什么样的单日波动水平是不合理的，这个不合理的数值就是涨跌停板幅度。而确定保证金水平则需要计算出未来 1 天或者 2 天持仓可能出现的损失，该损失值就是合理的保证金水平。

从这两个目标可以看出，第一，计算保证金水平使用的时长是 1 天或者2天，具体是使用1天还是2天，需要依据市场流动性确定，如果市场流动性较好，则可以以覆盖1天的波动为目标，如果市场流动性较差，则说明一旦出现违约，交易所可能需要更多的时间来处置违约会员的持仓，这就需要把2天的市场波动作为覆盖目标。相反，涨跌停板是为了避免市场1天内出现极端波动，因此使用VaR方法或者压力测试法来确定涨跌停板时，都是以1天作为时长。第二，在设置涨跌停板时，交易所需关注的是可能性最低的且最极端的市场情况，因为交易所的目标是避免因市场恐慌而出现非理性价格。也就是说，涨跌停板不应该被频繁触及。而交易所在设置保证金水平时，关注的是一般情况下的市场最大损失，并非小概率的极端事件。保证金的计算不考虑小概率极端事件并不意味着交易所不考虑尾部风险，因此，即使都使用VaR方法，估算涨跌停板幅度和保证金水平的置信度水平也不同，设置涨跌停板会选用较高的置信度水平。同理，如果使用压力测试来作为测算工具，计算涨跌停板幅度时会使用更为极端的压力情景。

另外，估算保证金和涨跌停板幅度使用的市场数据的市场窗口也不同，涨跌停板需要使用较长的时间窗口的数据来估算，比如可能选取10年的市场数据来估算涨跌停板，而保证金使用的时间窗口较短，因为保证金水平要和当前的风险情况匹配，一般选取2年（500个交易日）长度的市场数据来估算。涨跌停板幅度较稳定，一旦确定并不频繁进行调整，而保证金的时效性较高，需要定期根据市场情况进行调整以满足当前的风险水平，所以测算数据窗口不宜过长。

二、以单日涨跌停板幅度设置保证金的缺陷

（一）不能100%覆盖风险

一个常见的错误概念是，如果保证金和单日涨跌停板完全一致，虽然资金成本可能较高，但是可以完全覆盖日间价格变动风险。会产生这

种观点的原因在于涨跌停板限制了交易日间结算价的最大变动，因此如果交易所在设置保证金时以100%的概率覆盖结算价未来1天的变动为风险控制目标，那么保证金水平将恰好等于涨跌停板幅度。

但是，首先，以涨跌停板幅度作为保证金水平也不能完全覆盖日内价格变动的风险，因为日内的价格最多可以出现两个涨跌停板的变动，比如从当日涨停板价格下跌到当日跌停板价格。其次，从中央对手方的角度看，当市场流动性较低的情况下，交易所可能无法在1天之内就完成违约持仓的处置，因此可能需要以2天作为保证金计算的时长假设，即保证金的目标是覆盖未来2天的市场风险变动，此时若以涨跌停板幅度作为保证金水平则可能并不能覆盖风险。例如，涨跌停板幅度和保证金水平都为1%，如果客户在T0日以T-1日期货结算价开仓，T-1日期货合约结算价为100元，因此T0日开仓前端风控检查会冻结该客户1元作为保证金，T0日日终期货合约下跌1%，结算价变为99元，持仓盈亏为-1元，交易保证金为0.99元，此时该客户因无法缴纳交易保证金而违约，交易所在T+1日启动违约持仓处理程序，最差的情况是在T+1日以当日跌停板价格98.01元完成违约客户持仓的平仓，持仓处理产生了0.99元的损失，两日的交易共导致了1.99元的损失，然而，中央对手方持有的保证金仅有1元。出现该问题的原因是启动违约处理程序时，交易所面临的已经是客户两个交易日的损失，但客户的保证金计算是以覆盖一个交易日的损失为目标的。

因此，以单日涨跌停板作为保证金可以100%覆盖市场风险的观点并不是在所有的市场情况下都正确。

（二）浪费财务资源

即使认为以1天作为保证金计算时长的假设是正确的，那么希望通过将保证金水平设置成与涨跌停板幅度一致，以达到100%覆盖风险的目的的做法也并不合理。从理论上说，合理的涨跌停板幅度是极端小概率下的市场异常波动，应该极少被触及，而保证金水平是覆盖一般情况下的市场波动的，所以如果保证金水平和涨跌停板幅度完全一致，则说明保证金水平覆盖了本不应由其覆盖的极端市场变动，这部分极端市场变动风险应由结算担保金覆盖。在控制风险方面，保证金和结算担保金本应该分工合作，但如果保证金以100%覆盖为目标，则会导致保证金承担了本应由结算担保金承担的角色，如果此时再向会员征收结算担保金，对整个金融市场来说，是财务资源的浪费。

在实践中，交易所保证金水平的评估和涨跌停板的评估应该是分离的，保证金水平和涨跌停板幅度一致并非最优的做法，当市场流动性较好时，二者一致意味着清算成本较高，财务资源被浪费。而当市场流动性较差时，二者一致可能并不能覆盖风险。

第七节　金融风险测度总结：从标准差到期望分位数

风险管理是金融机构、金融市场基础设施运营的核心，同时也是监管机构关注的重点，2008 年金融危机之后，市场参与者对金融风险防控的重视程度更是进一步提升。使用风险测度准确地衡量风险是进行主动风险管理的关键，前文提到的 VaR 和 ES 都是经典的风险测度。纵观金融风控史，效果更好的新风险测度不断被提出，金融市场的风险测度已经经过了多次更新换代：方差是第一代风险测度，在夏普率（Sharpe Ratio）等二十世纪六七十年代出现的风险绩效指标中，风险普遍以标准差形式表现。目前，被众多金融机构和交易所使用的 VaR 是第二代风险测度。ES 因为拥有优良的性质，被认为是第三代风险测度，有观点认为 ES 终将替代当前广泛使用的 VaR。但学术界对于最优风险测度的追寻并未就此终结，虽然 ES 是一致性的风险测度，但并不具有可探性，因此同时具备一致性和可探性的期望分位数（Expectile）被认为是优于 ES 的风险计量工具。虽然目前并不存在任何一个统计量可以满足学术界和金融行业对风险度量的全部要求，但这并不意味着应该放弃使用这些风险测度，不同的风险测度在资本金监管、保证金计算以及投资组合评估方面各具优势。

一、风险测度的定义和评估标准

风险来自损益的不确定性，这种不确定性可以使用损益分布来表示，但是使用损益的概率分布来刻画风险不明确并且不便于被人理解，行业实践中风险水平都是使用一个数字或者金额表示，比如银行资本金要求、衍生品交易中的保证金要求，因此出现了风险测度的概念——风险测度是将损益分布映射到一个单一数值的工具。

（一）风险测度的一致性

虽然使用标准差、分位数[①]等统计量作为风险测度评估风险已经在金融行业得到了广泛的实践，但直到 1997 年，Artzner[②] 等人通过四条公理来概括合理风险测度应该具备的性质，才真正将风险测度评估由实践上升到了理论层面。Artzner 等人在其报告中提出若风险测度同时具备平移不变性（Translation Invariance）、单调性（Monotonicity）、次可加性（Subadditivity）以及正齐次性（Positive Homogeneity）四个性质，则该风险测度就具备一致性。只有具备一致性的风险测度才是合理的风险测度。四个性质中的次可加性在前文已进行过简单解释，但在这里再统一讲解一下。

1. 平移不变性

如果所有损失分布函数 L 和实数 a，风险测度 ρ 满足公式（3 - 18），则 ρ 具有平移不变性。

---

① VaR 实际上是损益分布的分位数。

② P. Artzner, F. Delbaen, J. - M. Eber, D. Heath, 1997, "Thinking coherently", RISK 10 (11) (1997).

$$\rho(L+a)=\rho(L)-a \tag{3-18}$$

平移不变性背后的经济学含义是，如果在一个投资组合内加入现金，比如银行设置的资本金，那么在风险发生时，资本金可以用于弥补损失，因此，加入现金后投资组合的损失会降低。

2. 单调性

如果所有损失分布函数 L_1 和损失分布函数 L_2，风险测度 ρ 满足公式（3－19），则 ρ 具有单调性。

$$L_1 \leqslant L_2 \rightarrow \rho(L_1) \leqslant \rho(L_2) \tag{3-19}$$

单调性的含义非常容易理解，如果投资组合 1 的损失永远小于投资组合 2，那么使用风险测度表示的投资组合 1 的风险一定小于使用该风险测度估算的投资组合 2 的风险。

3. 次可加性

如果所有损失分布函数 L_1 和损失分布函数 L_2，风险测度 ρ 满足公式（3－20），则 ρ 具有次可加性。

$$\rho(L_1+L_2) \leqslant \rho(L_1)+\rho(L_2) \tag{3-20}$$

次可加性体现了分散化投资可以降低风险，即两个合约构成的投资组合的风险不能高于两个合约分别风险之和。

4. 正齐次性

如果所有损失分布函数 L 和 $h \geqslant 0$，风险测度 ρ 满足公式（3－21），则 ρ 具有正齐次性。

$$\rho(hL)=h\rho(L) \tag{3-21}$$

该条性质反映了投资组合规模直接影响其风险规模，如果投资组合的规模扩大为原来的 2 倍，则风险也扩大为 2 倍。

这四条性质实际上是对风险控制行业常识的理论总结。如果一个风险测度不具有一致性，那么可能会计算出不符合常识的结果，而结果可能会对管理层决策造成误导。风险测度的一致性非常重要，ES 的提出者 Acerbi 等人甚至认为只有满足了这四条性质，一个统计量才能被称为风险测度，如果不满足其中任何一条，则说明该统计量不能正确描述风险，因此也不能被称为“风险测度”。

（二）再谈风险测度的可探性

前文介绍 ES 时已经对可探性的概念进行了介绍，这里我们再次说明一下可探性和一致性的区别，以及可探性的作用。一致性和可探性是两个独立的概念，一致性用于判断风险测度的合理性，即使用该风险测度是否会得出有别于风险控制常识的结论，比如 VaR 作为风险测度不具有一致性，保证金计算使用 VaR 方法时，投资组合的保证金可能会大于分别计算组合内两个子组合得到的保证金之和，这种计算结果有违风控常识。

可探性则是被用来挑选风险测度的。如果一个风险测度具备可探性，那么使用该风险测度时，不同假设下的计算结果可以比较，交易所可以挑选出风险的最优估计。虽然 VaR 不具有一致性，但是 VaR 具有可探性，也就是说，如果一个金融机构有多个 VaR 模型①，那么使用 VaR 模型对应的一致打分函数②就可以从这些 VaR 模型中选出最优模型。

这两个性质对于风险测度来讲都非常重要，交易所在选择用于评估风险的风险测度时，应该同时考虑一致性和可探性。

二、金融市场风险测度的更替

（一）基于标准差的度量风险

标准差是最常见的统计量之一，用于度量变量偏离均值的程度，即

---

① VaR 模型的不同体现在损益分布的估计方式不同上，例如使用历史模拟法获得损益分布或者使用参数法获得损益分布。

② VaR 对应的一致打分函数是加权绝对误差函数，即 $VaR_\alpha = arg\ \min\limits_{VaR} E[(1_{VaR} \geqslant y - \alpha)(VaR - y)]$。

描述变量的波动性。在20世纪60年代到70年代的投资组合的绩效评估指标中，标准差或者与之紧密相关的统计量是主流风险测度。

20世纪60年代中期被提出且至今还被广泛使用的夏普率是用来评估投资组合绩效的最重要的指标之一，该指标用于描述投资组合的预期收益在多大程度上对风险进行了补偿，其表达式为公式（3－22）。

$$S_p = \frac{E(R_p) - R_F}{\sigma_p} \tag{3-22}$$

其中，R_F 代表无风险收益率，σ_p 代表投资组合的标准差。

从该公式可以看出，该指标使用标准差来衡量投资组合的风险。

另一个重要的投资绩效指标特雷诺比率（Treynor Ratio）使用投资组合的 β 值来描述风险，β 值实际上也属于基于标准差的风控指标，其计算公式为公式（3－23）。

$$\beta_p = \frac{Cov(R_p, R_m)}{Var(R_m)} \tag{3-23}$$

该值是投资组合收益协方差和市场收益方差之比。由此可见，标准差在金融风控启蒙的早期得到了广泛应用，很多金融领域的重要理论都是以标准差来表示风险的。

但是，使用标准差来表述风险的缺点也显而易见。

第一，标准差并不具有一致性。标准差不具有平移不变性，因为 $\sigma(L+a) = \sigma(L)$。也就是说，当我们使用标准差来衡量一个投资组合的风险时，我们可能得出一个显然违背行业常识的结论：在该投资组合中加入一定风险储备金并不能降低该组合的风险。

第二，标准差也并不具有可探性，即找不到标准差对应的一致性打分函数。

第三，标准差并不能被回测。

（二）VaR在美国1987年股市崩盘事件之后广泛应用

1987年美国股市崩盘事件触发了学术界和金融行业对量化风险管

理的进一步研究。1987年美国股市崩盘事件作为一个小概率事件，在使用标准差的金融风险评估体系下很难被察觉，因此，学术界和金融业界都开始寻找可以有效描述尾端的风险测度。

于是，以VaR评估金融风险的方法被提出。VaR表示在一定置信度水平下一定时间内投资组合可能的最大损失。以 $\alpha \in (0,1)$ 表示置信度水平，L_D 代表D时间区间[①]内的损失分布函数，则VaR的数学定义如公式（3-24）：

$$\mathrm{VaR}_{\alpha}(L_D) = inf\{l: P(L_D \leqslant l) \geqslant \alpha\} \tag{3-24}$$

VaR作为风险测度有两个优点，第一是使用单一数值表示极端事件发生后造成的损失规模，因此应用范围广，也便于决策层理解。第二是VaR非常容易进行回测，并且存在多种回测方法[②]。但其缺点也显而易见，即前文也不断提及的“不具有次可加性”。

（三）新一代风险测度ES

前文对ES进行了详细的介绍，ES是指大于VaR的损失的期望值。对于交易所而言，ES有两个优点：第一，ES是一致性的风险测度，因此，交易所在计算组合保证金时，以ES作为风险测度，可以更合理地刻画会员持仓的风险。第二，ES可以更好地刻画尾端风险。在特定的置信度水平下，两种风险程度不同的损益分布的VaR数值可能相同，而ES方法由于对置信度之外的损失计算期望平均值，相对VaR而言可以更好地衡量尾端风险。对于交易所而言，管理超出预期的风险非常重要，因此ES这个性质对交易所格外重要。

另外，ES也存在多种方法可以进行回测检验[③]，因此不影响交易所

---

① 巴塞尔的银行资本金要求将D设为10天，而清算机构在设定场内保证金要求时，将D设为1天或者2天。

② Sean D. Campbell, 2005, “A review of backtesting and backtesting procedure”, Finance and Economics Discussion Series from Board of Governors of the Federal Reserve System（U. S.）No 2005-21.

③ Acerbi. Szekely, 2014, “Backtesting Expected Shortfall”, Risk.

对基于 ES 方法计算得到的保证金结果进行回测检验。ES 的缺陷是不具备可探性，但是该缺点在交易所应用 ES 计算保证金时并不会造成实际阻碍，因为在实践中，交易所通常不会使用打分函数评价不同的保证金模型，一般都是通过回测的方法检验保证金结果的合理性。

虽然从学术研究的角度上看，ES 是优于 VaR 的选择，但从实践角度，交易所行业并没有广泛地使用 ES 计算保证金，交易所业界对 ES 应用的讨论主要集中在对交易成本的影响。对于相同的损益分布，在相同置信度水平下，ES 计算得到的保证金水平不会小于 VaR 计算得到的保证金水平，这由两个风险测度本身的性质决定。因此，基于 ES 计算保证金会增加参与者的成本，降低其资金使用效率。会员不希望交易所提高保证金，从交易所风控角度出发，一味地提高保证金也并非最合理的风险控制方法，因为保证金并非唯一的财务资源，结算担保金和交易所自有资金都是违约发生后可以动用的财务资源。因此，在实践层面，交易所在确定保证金水平时虽然需要考虑尾端风险，但并没有必要对尾端风险进行过于精确的计量，使用 VaR 方法计算的保证金已经足够覆盖尾部风险，另一部分尾部风险可以通过结算担保金来覆盖。这是交易所在实践中依然主要使用 VaR 方法计算保证金的原因。

（四）ES 的潜在竞争者——期望分位数

期望分位数的概念在 1986 年就已经由纽伊（Newey）和鲍威尔（Powell）[①] 提出，但是直到近十年学术界开始研究风险测度的性质时，该统计量作为风险测度的意义才重新被重视。

期望分位数是非对称最小二乘法（Asymmetric Least Squares Estimation）的解。与基于单尾分布信息进行风险估计的 VaR、ES 等统计量不同，期望分位数同时使用损益分布的两侧进行风险估计，因此该风险测

① Newey W, Powell J., 1987, "Asymmetric least squares estimation and testing", Econometrica, 55: 819 - 847.

度包含的信息更多。

确定了损益分布 Y，参数 τ 对应的期望分位数 μ_τ 的数学表达式为公式（3-25）：

$$\mu_\tau = arg\min_m E[\,|\tau - I(Y < m)|(Y - m)^2] \quad (3-25)$$

其中，I 是指示函数①，并且 $0 < \tau < 1$。

当损益分布为离散分布 $(y_1, \cdots, y_n) \in Y$ 时，参数 τ 对应的期望分位数 μ_τ 的表达式还可以写成公式（3-26）：

$$\mu_\tau = arg\min_m \sum_{i=1}^{n} [\tau(y_I - m)^2_{I(y_i \geqslant m)} + (1-\tau)(y_i - m)^2_{I(y_I < m)}] \quad (3-26)$$

当 $\tau = 0.5$ 时，非对称最小二乘法转变为一般的最小二乘法，$\mu_{0.5}$ 是最小二乘法的解。

期望分位数之所以引起了金融业的兴趣，是因为它具有 ES 所不具有的优点。第一，从其数学表达式可以看出，投资组合的期望分位数的取值和其损失规模、收益规模同时有关。VaR 和 ES 等风险测度只包含损失规模信息，如果使用这两种风险测度衡量一个收益规模很大但是损失规模很小的投资组合，可能会得出该投资组合风险很低的结论。但实际上，当资产组合的收益规模很大而损失规模小并不意味着其风险很低，一般，金融危机的前期都是市场的高度繁荣扩张期。

第二，期望分位数相对 ES 具有更好的性质。根据期望分位数的定义，可以立刻发现期望分位数的一致性打分函数，即期望分位数具有可探性②。除此之外，期望分位数还具有一致性。

虽然期望分位数具有众多统计学上的优点，但将它直接作为风险测度却有两个主要障碍：一是期望分位数缺乏直观的经济学解释。二是目前尚无方法可以直接对期望分位数进行回测。

---

① 指示函数（Indicator Function）是定义在某集合 X 上的函数，表示其中有哪些元素属于某一子集 A，若 x 属于子集 A，则取值为 1，否则取值为 0。

② 期望分位数对应的一致打分函数是加权平方误差（Weighted Squared Error），即 $s(x,y) = |\tau - I(y<x)|(y-x)^2$。

VaR 和 ES 都有较为直观的经济学解释，当风控负责人向管理层报告某投资组合 99% 的置信度下，2 天的 VaR 是 100 万元时，决策者很容易理解该数值意味着未来 2 天该投资组合的损失有 99% 的可能性不会超过 100 万元，并可以据此进行决策。比如准备 100 万元作为资本金来防御未来 2 天的风险，而清算机构则可能以 100 万元作为该投资组合的保证金。但是如果风控负责人说当 $\tau = 1\%$ 时，对应的期望分位数是 100 万元，决策者则很可能无法理解该数值对应的风险规模。

一些研究者①将期望分位数的参数 τ 解释为谨慎指标（Index of Prudentiality）。该参数之所以被这样命名，可以从 τ 的定义——公式（3 - 27）进行理解。

$$\tau = \frac{\int_{-\infty}^{\mu_\tau}(y-\mu_\tau)dF(y)}{\int_{-\infty}^{\mu_\tau}(y-\mu_\tau)dF(y)+\int_{\mu_\tau}^{\infty}(y-\mu_\tau)dF(y)} \tag{3-27}$$

其中，μ_τ 是参数 τ 对应的期望分位数，$F(y)$ 是损益分布的累计分布函数。

如果以期望分位数 μ_τ 的计算结果作为保证金的数值，那么 τ 的数学表达式中分母两项中的 $\int_{-\infty}^{\mu_\tau}(y-\mu_\tau)dF(y)$ 可以被视为保证金不足额的期望值，而 $\int_{\mu_\tau}^{\infty}(y-\mu_\tau)dF(y)$ 则是因保证金过度收取而造成的机会成本，这两者之和是保证金的总成本。τ 表示保证金不足和保证金总成本之比，因此，如果以期望分位数作为保证金数值或者资本金数值，那么参数 τ 即反映了清算机构或者金融机构的谨慎程度：μ_τ 数值越大，则保证金不足额的期望值越低，而 τ 数值会越低，意味着使用者更加谨慎，风险厌恶程度更高。

---

① Kuan, Chung - Ming and Yeh, Jin - Huei and Hsu, Yu - Chin, 2009, "Assessing Value at Risk With CARE, the Conditional Autoregressive Expectile Models", Journal of Econometrics, 150 (2): 261 - 270.

三、不同风险测度的比较与应用

前文中讨论的 4 个统计量作为风险测度时具有的各项性质见表 3－17。

表 3－17　　风险测度性质总结

性质	标准差	在险价值（VaR）	预期损失（ES）	期望分位数（Expectile）
一致性	无	无	有	有
可探性	无	有	无	有
可回测	无	有	有	无

标准差不具备任何一条性质，而 VaR 具有可探性并且易回测，但是不具有一致性，因此是否可以作为风险测度尚存在争议。ES 是一致性的风险测度，可以被回测，但是不具有可探性，因此学术界始终认为它是存在瑕疵的风险测度。期望分位数是唯一满足一致性和可探性的风险测度，但是暂无回测方法，而且其计算结果缺乏直观的经济解释。没有任何一个统计量可以同时满足学术界和金融行业对合格的风险测度的要求，但是根据这些统计量的不同属性，统计量作为风险评估工具在金融行业的应用不同。

ES 比 VaR 更适合作为银行资本金要求的计算工具。与交易所保证金①不同的是，银行资本金是银行抵御风险的最后一道防线，因此风险计量模型必须具备足够的描述尾端风险的能力。巴塞尔委员会使用 ES 替代 VaR 的做法具有合理性。ES 不能直接进行回测，曾是市场批评巴塞尔委员会作出该决策的主要依据，但是目前业界和理论界都提出了多种直接回测 ES 的方法。虽然巴塞尔委员会目前的规定依然是采用 VaR 进行回测，但是一旦 ES 回测成为业界的一般实践，巴塞尔委员会和其

① 交易所在保证金之后还有会员缴纳的结算担保金和交易所的清算风险准备金等财务资源，这些财务资源可以在极端情况下覆盖保证金不能覆盖的极端风险。

他监管机构也可能修改其模型回测要求。

期望分位数可以用于估算 VaR 和 ES。期望分位数和 VaR 存在联系。如果假设损益服从已知分布，比如正态分布或者 T 分布，则可以找到如表 3 - 18 所示的 VaR 的置信度水平（1 - α）和期望分位数的参数 τ 之间的对应关系，因此就可以利用期望分位数估计 VaR 和 ES。

表 3 - 18　　不同损益分布的 α 和 τ 对应关系①

分布	τ（谨慎指标）	1 - α（置信度水平）
均匀分布 U（0，1）	0.01	90.9%
	0.05	81.3%
正态分布 N（0，1）	0.01	95.7%
	0.05	87.3%
T 分布（自由度为 5）	0.01	97.3%
	0.05	90.1%

目前，期望分位数在风控行业主要用于估计 VaR 和 ES，但是此方法的局限在于只限以参数法计算 VaR 和 ES，对于非参数法，比如历史模拟法，是不能用作估算 VaR 和 ES 值的。

期望分位数可以用于评估和挑选投资组合。由于暂时缺乏回测方法，期望分位数无法作为资本金计算工具，也并不适合直接用于保证金计算。但是，金融机构依然可以使用期望分位数评估投资组合的风险，比如可以确定审慎指标，在一定的风险厌恶程度下，选取期望分位数较低的投资组合。

第八节　违约瀑布序列和自有资金前置

违约瀑布序列（Waterfall），是指作为中央对手方的交易所拥有的

① 损益分布假设不同，τ 对应的 α 数值不同。

保障性财务资源及财务资源在处理违约事件时的使用顺序，其作用是在会员违约时弥补损失，保证金融系统稳定运行。前文提到的保证金、结算担保金、交易所风险准备金等财务资源都是违约瀑布序列的一部分。违约瀑布序列设计中一个重要的概念是“Skin in the Game”，中文可以意译为“自有资金前置”，指的是在动用未违约会员的资金弥补违约造成的亏损之前，先使用部分交易所自有资金。自有资金前置的意义是交易所承担中央对手方职责优先于未违约会员履行责任，和会员风险共担。

一、违约瀑布序列的结构与功能

（一）违约瀑布序列的组成成分

中央对手方聚集了所有结算会员的对手方信用风险，因此必须拥有足够的保障性财务资源用于吸收会员违约损失。中央对手方的财务资源包括会员的保证金、会员的结算担保金、中央对手方自有资金以及其他可获取的资金[①]。违约发生后，中央对手方为了弥补损失，会按照预定的优先顺序使用这些财务资源，这就是违约瀑布序列，因此设计违约瀑布序列就是决定可用财务资源的规模和使用顺序。

《金融市场基础设施原则》建议中央对手方的违约瀑布序列依次为：违约者的初始保证金、违约者的结算担保金、中央对手方的一部分自有资金、未违约参与者的结算担保金以及中央对手方用于吸收违约风险的其他财务资源。

图 3 –9 是一个常见的违约瀑布结构，图中违约瀑布的财务资源由结算会员和承担中央对手方职责的交易所（图 3 –9 中灰色阴影部分）共同提供。按照该结构，处理违约时，保障性财务资源会按照如下顺序

① 通常包括来自商业银行的临时信贷额度和来自央行的临时信贷额度。

被调用：第一步，交易所会首先用违约会员的保证金弥补损失；第二步，如果违约会员保证金不足以弥补损失，交易所将继续使用该违约会员在结算担保金中的份额；第三步，若仍不够补亏，交易所将先使用一部分交易所风险准备金，这是交易所的自有资金，具体使用比例由交易所在事前规定；第四步，在使用完部分风险准备金仍不能完全补亏时，交易所会调用未违约会员的结算担保金；第五步，如果极端情况下，交易所用尽了结算会员预先缴纳的结算担保金，交易所有权按规则向未违约结算会员追加结算担保金要求；第六步，在追加的结算担保金都用光的情况下，交易所会继续使用剩余的交易所风险准备金。

图3－9　常见违约瀑布序列结构

虽然交易所在设计违约瀑布时都会考虑财务资源用尽的极端情况，也会定期进行违约处置演习以模拟如何在财务资源用尽时维护市场稳定，但在现实中，用尽违约瀑布序列的情况非常少，一般违约处理会止步于第一步。

设计完善的违约瀑布序列能够有效化解违约风险，保证金融系统稳定。一个典型的例子是伦敦清算所（LCH. Clearnet）成功处置雷曼兄弟公司违约事件[①]。在2008年金融危机中，雷曼兄弟公司在LCH清算的利率互换合约的名义本金高达9万亿美元，但在雷曼兄弟公司破产后的三周内，伦敦清算所就完成了违约处理，成功处置了雷曼兄弟公司的衍生品持仓和担保品，其违约瀑布序列成功吸收了全部违约损失，仅使用35%的初始保证金便弥补了雷曼兄弟公司破产带来的损失，未动用雷曼兄弟公司缴纳的结算担保金，也没有影响任何未违约会员，最后还将剩余保证金退还给了雷曼兄弟公司。

（二）自有资金前置的原因

所谓的自有资金前置，是指交易所前置于未违约会员结算担保金之前的部分自有资金，这是违约瀑布序列设计中被交易所行业所公认的最优实践。与将全部交易所自有资金放置在会员结算担保金之后的做法相比，这种违约瀑布序列结构可以起到激励交易所提高风控标准的作用，降低因“大而不能倒”产生的道德风险。

交易所的道德风险体现在两个方面。第一，保证金和结算担保金的金额完全依赖于交易所的风控模型和参数，交易所对模型和参数有充分的自主裁量权，存在因市场竞争压力而降低风险控制标准的动机。尤其在交易所是上市公司或上市公司子公司的情况下，管理层出于盈利压力，可能难以坚持以市场安全为首要标准的运营原则。第二，承担中央对手方职责的交易所是重要金融市场基础设施，往往会成为“大而不能倒”的系统性重要机构，政府在交易所面临财务困境时通常会提供经济援助。这种情况下，交易所的风险实质上由全社会纳税人整体承担，但是交易所盈利却由股东获得，权责不对等容易导致道德风险问题，使交易所采取更为激进的风险策略。

上述道德风险问题很难通过内部控制或管理制度解决，但自有资金

---

① David Murphy, 2013, OTC Derivatives: Bilateral Trading and Central Clearing: An Introduction to Regulatory Policy, Market Impact and Systemic Risk (Global Financial Markets), Palgrave Macmillan.

前置机制为控制道德风险提供了解决方案。在瀑布序列中将一部分中央对手方的自有资金置于其他未违约参与者的结算担保金之前，可以使作为中央对手方的交易所在违约事件发生时先于未违约会员受到损失，从而激励交易所提高风险控制标准。此外，让交易所自身承担风控失败的风险也能够降低“大而不能倒”的道德风险。

因此，在瀑布序列的前端设置足够的交易所自有资金，能够促进交易所产生充足的主动风险管理动机，坚持审慎运营的原则，并积极投入日常的市场监测和风险管理中。

二、违约瀑布序列的设计原则

交易所设计违约瀑布序列需要决定每项财务资源的使用顺序，以及违约瀑布序列中每层财务资源的规模。因为违约瀑布序列的核心作用是控制信用风险的蔓延与扩散，所以交易所设计违约瀑布序列需要从市场整体安全的角度，通过建立有效的风险共担机制，有效阻隔违约损失影响向外扩散，同时激励交易所自身不断完善风险控制机制，降低因“大而不能倒”产生的道德风险。出于上述原因，违约瀑布序列设计通常遵循以下基本原则。

第一个设计原则是保证财务资源的规模能足够弥补损失，防止风险外溢。中央对手方是所有卖方的买方和所有买方的卖方，需要接受和承担对手方的履约义务。违约瀑布序列设计必须充分发挥中央对手方保障合约履行的职能，将风险控制在中央对手方内部，有效阻隔违约发生时的风险外溢。保证金和结算担保金由结算会员缴纳，是结算会员的参与成本，因此结算会员通常不希望保证金和结算担保金过高。风险准备金是交易所的自有资金，交易所股东追求资本回报率，也希望交易所降低风险准备金规模。

但作为中央对手方的交易所不能基于上述理由而减小财务资源规模，历史上发生过多起中央对手方由于自身风控不到位而违约和倒闭的事件。1974 年，在白糖市场波动加剧的情况下，巴黎清算公司未及时提高保证金要求，结果导致白糖价格暴跌，在交易者无法补足日间保证金之后，巴黎清算公司只能宣布无法继续运营并申请倒闭。1983 年，棕榈油期货的价格出现巨大波动，吉隆坡商品结算所同样未能及时提高风控标准，之后随着多家大型交易商的违约只能宣布倒闭。1987 年中国香港股市崩盘，香港结算公司在市场波动大幅提升的情况下未提高保证金要求，最终与期货交易所一起被迫闭市。具体见表 3 – 19。

表 3 – 19　　历史上发生的中央对手方风险控制危机

中央对手方	地区	时间（年）	中央对手方的失当举措
巴黎清算公司（Caisse de Liquidation）	法国	1974	白糖价格的急剧攀升吸引了大量投机交易者，白糖价格大幅下跌后，投机交易者未能补足高额日间保证金
			价格波动加剧时清算所未及时追加保证金要求
			中央对手方与交易所缺乏有效沟通和配合
吉隆坡商品结算所	马来西亚	1983	棕榈油合约价格暴跌导致 6 家经纪商违约
			从市场价格暴跌到经纪商违约共 12 天，此间中央对手方未做出任何反应
香港结算公司	中国香港	1987	香港股市经历“黑色星期一”，市场波动和交易量急剧增加，中央对手方未及时采取风险控制措施
			未设置持仓限额

资料来源：Jon Gregory，2014，Central Counterparties，Wiley，P. 265。

交易所在设计违约瀑布序列时必须保证可用财务资源的充足，交易所行业判断财务资源充足与否的常见做法是，财务资源应该足够应对 1 ~ 2 家大型结算会员违约导致的损失。

第二个设计原则是财务资源使用优先级的设计需要防止信用风险传播。违约事件发生后，违约会员缴纳的保证金与结算担保金是违约瀑布序列中首先被清算所使用的财务资源。当这类资源不足以覆盖所有违约损失时，作为中央对手方的交易所应当首先以一部分自身的财务资源弥补违约损失，阻隔信用风险向未违约会员蔓延，防止违约事件影响未违约会员的其他交易；反之，如果没有交易所资金前置的机制，即交易所在使用自有资金之前，先使用未违约会员的结算担保金，则违约事件会让无过错的未违约市场参与者蒙受损失，尤其会给交易活跃的会员带来较大损失，可能会严重损害衍生品交易者的市场信心，甚至会引起市场恐慌心理的集中爆发。

更为重要的是，当未违约会员的结算担保金被使用之后，中央对手方按照业务规则可能向结算会员追加结算担保金要求，即使没有追加结算担保金的机制，中央对手方也会要求会员补充已使用部分的结算担保金。这一过程在市场危机时期可能会导致其他未违约会员进一步陷入财务困境，使违约事件的影响在市场参与者中呈链式反应扩散，从而加剧市场的不稳定。因此，违约瀑布序列设计必须合理规划财务资源的使用顺序，行业的一般共识是需要将部分交易所自有资金置于未违约会员的结算担保金之前，否则就有违交易所作为中央对手方需要承担责任这个主旨，而且违约事件可能会引发系统性风险。

第三个设计原则是违约瀑布序列的设计应该促进外部监督，激励会员加强风险管理。违约瀑布序列决定违约处理中谁将先蒙受损失以及各自受损的程度，合理设置交易所风险准备金和会员结算担保金的顺序和比重，能够形成对会员的正面激励，激发会员监督交易所的日常运行和风险管理。

如前文所述，行业最优实践是交易所对自有资金进行分层设置，将部分自有资金放置于未违约会员提供的结算担保金之前。前置的交易所自有资金、未违约会员结算担保金和剩余交易所自有资金这三层资金规模应该逐层递增，或至少作为中间层的未违约会员的结算担保金规模应该大于交易所自有资金的前置部分。如果不采用这种逐层递增的设计，反而将交易所自有资金前置部分的规模设置得过高，会员的结算担保金被调用的概率很小，那么大部分情况下损失会在交易所资金这一层被消化。因此，交易所不宜将前置部分的资金规模设置得过高，要保证会员结算担保金存在被调用的可能性，所以结算会员不会因为前面有巨额的交易所自有资金担保而产生盲目乐观的情绪，认为自己缴纳的结算担保金不会被使用，从而放松对交易所的监督。当会员意识到前置少量的交易所自有资金很容易被用尽，违约事件的发生可能会使用会员资金的事实时，会员会更加积极地监控市场风险，对交易所的日常运行起到主动监督作用。

三、违约瀑布尽头的损失分配

违约处理的理想情形是违约会员自身缴纳的保证金和结算担保金足够弥补会员造成的损失，违约瀑布序列的后半部分不会被调用。但是，在最极端的情况下，可能出现交易所自有资金被用尽后也不够弥补违约损失的情况。如果用尽上述提到的财务资源依然无法覆盖违约损失，并且中央对手方难以对冲或拍卖违约会员衍生品头寸时，则违约导致的风险敞口依然存在，违约处理进入“违约瀑布序列尽头”分配损失。衍生品行业对如何在违约瀑布尽头进行损失分配尚没有达成一致意见。目前，行业内讨论得较多的损失处理和分配机制包括违约相关头寸强制终止、变动保证金折价和初始保证金折价等。

违约相关头寸强制终止，是指在交易所无法通过拍卖等市场方式将违约会员的头寸转移给其他市场交易者时，将强制终止与违约会员有关的衍生品交易。一般情况下，即使结算会员违约，未违约的结算会员和客户的交易不会受到影响，未到期合约将由中央对手方继续承担履约责任。但如果存在违约相关头寸强制终止机制，交易所有权终止和违约会员头寸相关的未违约会员头寸。在这种情况下，交易所实际上不再履行中央对手方职责。

未违约会员变动保证金折价，是指中央对手方将未违约会员盯市收益的一部分用来弥补亏损。初始保证金折价则是将未违约会员的一部分初始保证金用于弥补违约损失。

业界对于是否应该应用上述机制存在争议，来自市场机构反对的声音较为强烈。关于违约相关头寸强制终止，反对者认为这从根本上违背了中央对手方集中清算的意义，交易者以资金成本和清算手续费为代价参与集中清算，目的是能够在对手方违约时也保护其头寸存续。如果未违约交易者的头寸存在被强制终止的可能，交易者对中央对手方的信任将荡然无存，交易者将重新考虑参与集中清算的必要性。变动保证金折价和初始保证金折价则是让未违约会员为中央对手方的风控管理失败买单，并且此举可能导致未违约会员出现流动性风险。

上述机制的支持者则认为当违约瀑布序列被用尽时，市场通常发生了系统性风险，此时中央对手方的首要职责是维护市场稳定，防止风险进一步扩大，与直接关闭中央对手方相比，强制终止个别参与者的头寸和减少未违约会员的收益虽然不是最优做法，但也是较为合理的解决方案。

第九节　中央对手方压力测试

压力测试（Stress Test）作为银行业的监管要求已经经历了多年的实践，《金融市场基础设施原则》也要求中央对手方必须进行压力测试。压力测试是非常有用的工具，交易所可以使用压力测试测算涨跌停板和保证金，但压力测试对具有清算职能的交易所来说，最重要的作用是用于计算结算担保金规模和违约处理需要的财务资源规模。

一、从银行压力测试到中央对手方压力测试

压力测试的实践最早来自银行系统。国际货币基金组织（International Monetary Fund，简称 IMF）将压力测试定义为：评估资产组合应

对巨大宏观经济变化或者极端但可能事件的脆弱程度的工具。压力测试的目的是通过评估极端市场情况下的损失使风险更为透明。国际大型银行早在20世纪90年代就开始进行压力测试以评估银行在极端情况下的稳健程度[①]。1996年，《巴塞尔协议（Basel Accords）》进行了修订，要求银行和投资公司必须进行压力测试。然而，直到2007年，压力测试都仅作为银行内部评估自身稳健程度的手段。从2007年开始，各国银行监管机构开始纷纷制定本国的压力测试标准，并将压力测试作为银行监管要求。2008年金融危机之后，国际监管机构也意识到中央对手方作为金融市场基础设施在金融危机中维护市场稳定的重要性，因此，《金融市场基础设施原则》将压力测试作为中央对手方的风险管理工具。

二、中央对手方进行压力测试的原因

前文中提到过，中央对手方面临信用风险、流动性风险等风险，VaR是最常用的风险评估方法，使用VaR可以对正常市场情况下的风险进行量化，但传统的VaR方法在评估极端情景下的损失时有明显的局限性。在实际中引发系统性风险的事件往往是极端事件，比如2005—2014年沪深300指数的平均日内振幅为1.8%，但在2007年2月27日出现了高达9.69%的单日跌幅。因此，在实践中，中央对手方需要同时使用VaR方法和压力测试来评估风险规模。交易所在具体实践层面的常见做法是使用VaR方法确定保证金数值，使用压力测试确定结算担保金等应对极端风险的财务资源规模。

除了可以量化极端情况下需要的财务资源，压力测试在交易所风险管理中的另一个优点是将亏损和具体情境联系到一起，其结果可以分解并分析。具体而言，基于情境分析法，压力测试的结果直接指向具体事

---

① Quagliariello, Mario, 12 January 2009, "Stress Testing the Banking System: Methodologies and Applications", Cambridge University Press.

件，而 VaR 方法则基于统计分布，因此，对于风控人员和管理层决策人员，压力测试的结论更直观易懂。比如，交易所管理层可以直接了解 2022 年俄乌冲突这样的风险事件会导致的损失金额。

三、中央对手方压力测试的分类

压力测试是一个统称，实质上存在多种类型的压力测试。中央对手方主要面临信用风险和流动性风险，因此，按照压力测试衡量的风险类型进行分类，中央对手方进行的压力测试可以分为信用风险压力测试（Credit Stress Test）和流动性风险压力测试（Liquidity Stress Test）。按照进行的方式，中央对手方进行的压力测试又可以分为正向压力测试和反向压力测试。

（一）信用风险压力测试

在讨论中央对手方使用的压力测试时，一般默认为信用风险压力测试。作为买方的卖方和卖方的买方，一般情况下中央对手方不承担衍生品交易的市场风险，主要承担信用风险，中央对手方仅在损失方违约无法支付收益时才需要代替损失方向交易对手支付收益。因此，对于中央对手方而言，信用风险压力测试分析的是因市场不利变动从而导致会员违约的情况下，会员面临的损失规模。因为信用风险压力测试的关注点在于会员违约，所以信用风险压力测试场景设置不仅要包含风险因子的极端变化，还需要考虑在市场发生极端变化时违约会员的数目。需要注意的是，虽然被称为信用风险压力测试，但是其主要压力场景并不是结算会员信用状况的恶化，而是市场的极端价格变动，它类似于金融机构针对市场风险而进行的压力测试。

（二）流动性风险压力测试

流动性风险压力测试是针对流动性风险的。流动性风险分为融资流动性风险和交易流动性风险。《金融市场基础设施原则》中规定，压力测试的场景要同时考虑融资市场和资产市场的压力情况①，即要求清算机构要同时针对融资流动性风险和交易流动性风险进行压力测试。因此，流动性风险压力测试的场景同时涵盖这两类流动性风险。针对融资流动性风险的测试结果被用于确定中央对手方流动性资源②需求，而针对交易流动性风险的压力测试结果，则是确定担保品折扣率的重要参考。针对的风险类型不同，流动性风险压力测试和信用风险压力测试构造场景的侧重点不同。比如，流动性风险压力测试的场景可能包含“最大的结算银行无法及时提供现金”的情景，而信用风险压力测试则不会考虑该场景。又例如，对于交易流动性风险，压力场景可能是持仓规模占市场的30%的会员因违约而变卖持仓造成的市场价格变动。

（三）反向压力测试

通常说的压力测试，一般都是指正向压力测试，反向压力测试是正向压力测试的反过程，即：正向压力测试先确定压力场景，然后计算压力场景下的损失，而反向压力测试是先确定损失的数值，然后分析何种压力场景会造成这种规模的损失。

《金融市场基础设施原则》中虽然没有要求中央对手方必须进行反向压力测试，但是欧盟的《欧盟市场基础设施法规》（以下简称EMIR）要求欧盟中央对手方必须进行反向压力测试，多家国际主要交易所也广泛使用反向压力测试作为验证工具。反向压力测试通常用于验证压力测试框架的实用性及检验财务资源的充足性。反向压力测试可以分层进行：第一步，估算用尽初始保证金的情况下风险因子的变化程度；第二步，估算用尽结算担保金的情况下风险因子的变化程度，之后按照违约

① 原文为“simultaneous pressures in funding and asset markets”，详见PFMI disclosure framework and assessment methodology，P. 27。

② 流动性资源一般指现金或者国债等高流动性资产，用于在结算会员或者结算银行暂时无法提供现金时替它们完成支付。

时的资金使用顺序依次类推；第三步，估算在用尽交易所全部财务资源的情况下风险因子的变化程度。通过这种方式可以知道，正向压力测试的场景设计是否合理，是否需要补充或者修改正向压力测试的场景。

四、中央对手方压力测试和银行压力测试的区别

压力测试是对银行业和中央对手方行业的共同要求，但是，中央对手方压力测试和银行的压力测试存在众多差异（见表3－20）。银行使用的压力测试无法作为设计中央对手方压力测试的直接参考，银行和中央对手方管理压力测试的治理框架也因此无法直接互用。

表3－20　　中央对手方压力测试和银行压力测试的对比

项目	中央对手方	银行
目的	确定应对违约事件的财务资源水平，包括结算担保金、结算担保金补充上限等	发现极端风险事件，确保银行应对风险事件的资本金的整体充足程度
压力场景范围	场景限定于中央对手方清算的产品的压力情景	场景更广泛，包含可能影响银行各条业务线的宏观场景
频率	《金融市场基础设施原则》要求中央对手方每天进行压力测试	每月或者每季度进行
透明度	《金融市场基础设施原则》要求中央对手方应该详细披露压力测试的量化细节	巴塞尔委员会未要求银行向公众披露压力测试的细节

银行和中央对手方在压力测试框架上的各种差异都来源于两者使用压力测试的目的不同。银行使用压力测试来确保资本金的充足程度。因为银行的资本金针对银行的全部资产，所以压力测试场景的设置更广泛，而且和银行的业务特性紧密相关，比如银行的压力测试一般包含存款和贷款期限不匹配导致的流动性压力场景。而中央对手方使用压力测试确定结算担保金规模，以及结算担保金补充上限，因此压力场景直接基于产品对应的风险因子，比如交易所仅上市利率类衍生品，那么压力

测试场景的风险因子不含汇率和股票价格。为了防止出现遮盖效应，即压力测试时相关性较低的资产的损益出现相互抵消，中央对手方的压力测试通常分产品分别进行，而银行则可以将全部资产一起进行压力测试。

五、针对中央对手方压力测试的监管规定

中央对手方使用压力测试决定结算担保金规模，而结算担保金要求影响结算会员的参与成本，参与成本高低又影响中央对手方对交易者的吸引力。为了防止交易所之间为竞争而降低风控标准，国际监管机构和欧美监管者都对压力测试进行了基本规定，中国证监会暂时没有对交易所的压力测试进行明确规定。《金融市场基础设施原则》规定，中央对手方的财务资源需要至少覆盖极端但可能的压力场景下风险敞口最大的一个会员的违约风险，即 Cover 1 原则。风险特性复杂的衍生品的中央对手方或者在多个司法管辖区运营的中央对手方则适用 Cover 2 原则，即财务资源需要至少覆盖风险敞口最大的两个会员的违约风险。在《金融市场基础设施原则》的基础之上，欧盟的 ESMA 和美国 CFTC 达成共识，两地的中央对手方统一适用 Cover 2 原则。

如表 3－21 总结，《金融市场基础设施原则》对压力测试进行了基本规定，《欧盟市场基础设施法规》（EMIR）对压力测试要求进行了细化，并且其要求比国际监管规定和美国监管规定更加具体，也更加严格。例如，只有欧盟要求必须进行反向压力测试，《欧盟市场基础设施法规》和其配套的技术标准还对压力测试应该考虑的风险因子进行了规定[①]。

---

① Supplementing Regulation（EU）No 648/2012 of the European Parliament and of the Council with regard to regulatory technical standards on requirements for central counterparties，P. 67.

表 3－21　　压力测试监管规则对比

指标	《金融市场基础设施原则》	美国①	欧盟②
进行频率	每天	对大型市场参与者：每天 全部市场参与者：至少每周	压力测试：每天 反向压力测试：每季度
反向压力测试	无要求	无要求	需要进行反向压力测试
财务资源总量要求	• 一般：Cover 1 • 清算风险特性复杂的产品或跨境经营的清算所：Cover 2	• 2016 年 2 月监管互认之前③：Cover 1 • 2016 年监管互认之后：Cover 2	Cover 2

六、衍生品清算行业压力测试的境外实践

为了能够获得清算行业的话语权并在竞争中占据优势地位，国际主要的中央对手方都在积极推广制定压力测试的标准。伦敦清算所（LCH）和芝加哥商业交易所（CME）都先后发表了有关压力测试的白皮书（见表 3－22）。境外中央对手方实施的压力测试整体区别不大。大型中央对手方一般都同时进行信用风险压力测试、流动性压力测试以及反向压力测试，在场景设置方面也都同时采用历史和虚拟压力场景，也都按照国际监管要求每日进行压力测试及定期评估，但是美国 CME 的评估频率更加频繁，两家欧洲中央对手方进行压力测试评估的频率较低，但是也保证至少每年进行一次。

① CFTC，Code of Federal Regulations：Title 17. Commodity and Securities Exchanges，39. 1.

② Supplementing Regulation（EU）No 648/2012 of the European Parliament and of the Council with regard to regulatory technical standards on requirements for central counterparties.

③ 欧美的中央对手方监管机构在 2016 年 2 月 10 日达成了监管标准互认的共识，CFTC 接受了欧盟财务资源设置标准。

表 3－22 境外中央对手方的压力测试对比

项目	CME（美国）	LCH（英国）①	EUREX（德国）
进行的压力测试类型	• 信用压力测试 • 流动性压力测试 • 反向压力测试	• 信用压力测试 • 流动性压力测试 • 反向压力测试	• 信用压力测试 • 流动性压力测试 • 反向压力测试
压力测试作用	• 确定结算担保金规模 • 确定会员结算担保金追缴规模	• 确定结算担保金规模 • 确定会员结算担保金追缴规模 • 每日监控会员风险水平，判断是否需要追加保证金②	确定结算担保金规模
压力测试频率	至少每日	至少每日	至少每日
压力测试评估频率	至少每月评估	每年评估	每年评估
会员违约假设	未覆盖风险敞口③最大的两个会员的违约	未覆盖风险敞口最大的两个会员的违约	未覆盖风险敞口最大的两个会员的违约
客户违约假设	未披露	违约会员全部代理客户和附属公司同时违约	违约会员的未覆盖风险敞口最大的两个客户违约
场景设置	• 历史极端场景 • 虚拟场景	• 历史极端场景：过去 30 年中选取极端场景 • 虚拟场景： ①基于真实历史场景构造的虚拟场景 ②去相关性压力场景	• 历史极端场景：Eurex 真实经历的历史极端情景 • 虚拟场景： ①极端但可能的多个风险因子变化构成的组合 ②去相关性压力场景
结算担保金计算是否有安全乘数	未披露	有，压力测试计算结果乘以保障系数 1.1，以此作为结算担保金最终数值	未披露

① LCH，2014，PFMI Qualitative Assessment of LCH Clearnet Limited 2014.

② 如果当日会员的压力测试结果超过某一阈值，风控人员需汇报给公司 CEO 和风险委员会。

③ 未覆盖风险敞口是指通过压力测试计算出的超过会员保证金数值的风险。

总体而言，境内外交易所实施的压力测试基本趋同，但境外中央对手方对会员的客户持仓的处理和我国境内交易所不同——境外中央对手方一般不假设结算会员的全部客户违约，而我国境内交易所一般使用更为保守的假设，通常会假设全部客户违约。境外中央对手方的做法基于违约时对非违约客户的移仓制度——在存在违约移仓机制的情况下，即使出现会员违约，其未违约客户的持仓也可以被转移给替代结算会员，所以，如果在压力测试时假设会员全部客户均违约，可能会高估结算担保金需求。而我国交易所在实践中并不支持违约发生后的客户移仓，所以通常假设在违约时需要处置违约结算会员所有客户的持仓，不论该客户是否发生违约。因此在压力测试时，境内交易所一般假设违约会员的全部客户都违约。

这两种处理没有优劣之分，完全由交易所根据自身的运营经验进行判断。境内交易所的处理方式更为保守，境外交易所认为在违约发生时，未违约客户的持仓可以被转移给替代会员，但违约移仓在实际操作层面通常难以实现。一是一旦真的出现违约，市场上很难找到结算会员愿意接受这些客户；二是违约处置通常非常紧急，交易所需要在极短的时间内完成违约持仓的风险对冲和处置，以及担保品的处置，并没有时间进行客户移仓操作，直接将违约会员全部客户的持仓打包处理是效率更高的解决方案。

七、压力测试关键设计要素

在使用压力测试估算必要的结算担保金和交易所财务资源规模时，标准做法包括四步：构造压力测试组；构造压力场景；计算损失；将测试结果应用于业务决策。

（一）构造压力测试组

和计算保证金类似，中央对手方的压力测试的第一步是将衍生品合约分组，以产品组为单位进行压力测试。即使中央对手方最终对所有类别的产品只设置一个结算担保金，也需要根据风险类型对资产进行恰当分组，然后分组进行压力测试。中央对手方之所以需要根据风险类型按产品组进行压力测试，主要出于两点考虑：第一，防止不具有经济相关性的产品的损益互相抵消。具体而言，如果将多种产品作为一个整体打包计算压力场景下的损益，那么产品的损益会相互抵扣。当产品之间实际并无稳定的且具备经济意义的相关性时，打包计算损益会低估实际的风险，按风险因子对产品分组并分别进行压力测试，则可以避免出现此类问题。第二，不同类型产品的风险因子是不同的，因此需要分别对不同的产品类型分别构造适用的压力场景。

（二）构造压力场景

压力场景①的设置是整个压力测试框架的核心环节。压力测试的场景设置应当能够反映极端但可能的市场状况，压力场景不够极端或发生的概率过小都会导致对中央对手方风险的错误估计，使必要的财务资源规模的计算出现偏差。目前，中央对手方采用的压力场景可以分为三大类，分别是历史压力场景、虚拟压力场景、去相关性压力场景（De - correlation Stress Scenarios）。

1. 历史压力场景

历史压力场景假设过去发生的极端市场状况可能重现，场景由过去一段时间区间内关键风险因子的真实波动构建而成。大多数交易所使用的压力场景选取区间是 1987 年美国股市暴跌开始至今，选取亚洲金融危机、“9・11”恐怖袭击、2008 年金融危机、2020 年新冠病毒感染疫情暴发和 2022 年美联储大幅加息等历史事件作为压力场景，并且将真实场景中风险因子（包括股票指数、利率等）历史波动的百分比复制

---

① 压力测试包括信用压力测试和流动性压力测试。其中，信用压力测试用于决定结算担保金的规模，是最为重要的压力测试类别，因此本部分对压力场景的探讨侧重于信用风险。

到当前来计算压力情况下的风险敞口。

通过对压力场景选取方式的调节，历史压力场景代表的压力水平是可以灵活调整的。选取压力场景主要考虑两个因素：一是观测时间区间，即选取过去多长时间区间内的极端观测作为压力场景。一般来讲，场景选择时间区间可以延长至30年，但是如果某些压力场景不再适应当前的市场环境，则可以适当缩放区间长度或者选择性剔除个别场景。二是置信水平，即压力场景是选择造成损失最大的历史场景还是损失分布的特定分位数（可以选择99%或者99.5%）。

使用历史压力场景虽然方便，但在实际运用中也面临一些问题。第一，某些新产品并没有足够长的历史观测区间来获取能反映该产品极端波动的历史场景，因此，即便是历史最差场景也不一定能够预测未来的极端事件。第二，对于有足够历史样本数据的产品来说，由于市场环境不断变化（例如市场结构、监管制度等），过于久远的历史场景或许已经不再可能出现或者不够极端，增加和剔除压力场景的标准有时难以界定。第三，任何历史场景都不能保证完美概括未来所有可能出现的新型市场极端情况。基于以上几点考虑，交易所不应仅依赖历史场景来构建压力测试，还需要其他类型的压力场景来完善压力测试体系。

2. 虚拟压力场景

虚拟压力场景是在真实历史场景的基础上，通过对风险因子的波动作出合理假设来构建的新场景。虚拟压力场景的构建主要有三种方法：第一种是构造对称压力场景（Antithetical Scenarios），即如果历史压力场景的关键风险因子在观测区间内为正向波动，那么其对称场景的风险因子则为同样幅度的负向波动；反之亦然。第二种是通过统计量构造压力场景，比如用风险因子正态分布的4个标准差来估计产品的极端波动。第三种为宏观经济事件虚拟场景，即假设可能会对市场造成严重负面冲击的宏观经济事件，并对该事件对关键风险因子变动方向和幅度的影响作出综合假设。虚拟压力场景是历史压力场景的补充，可以将有潜在发生可能但过去从未发生过的压力情形纳入压力测试框架。但是，当风险因子较多且风险因子间存在明显相关性的时候，使用虚拟场景的效果并不理想，主要是因为构造虚拟场景需要对风险因子间的相对变化进行判断，但压力情况下风险因子间的相关性可能和一般市场状态不同。

3. 去相关性压力场景

去相关性压力场景本质上是一种特殊的虚拟压力场景，被用来打破历史数据中风险因子之间的相关性，从而捕捉历史压力场景中被隐藏的特质风险。历史压力场景及虚拟压力场景只能够反映某类产品在一般性压力场景下的平均波动，但完全忽略了特质风险的影响，风险事件对风险因子的影响可能会被低估。不同产品构造“去相关性压力场景”的方法差异很大，需要交易所依据其运营经验和所在市场的特点自行判断。

（三）应用压力测试计算结果

压力测试的最后一步是将压力测试结果应用于业务决策。中央对手方一般在三个方面使用压力测试：确定结算担保金规模，确定会员结算担保金追加上限和确定中央对手方风险准备金规模。

使用压力测试确定结算担保金规模是国际通用的做法。当结算会员出现违约时，违约会员超过其初始保证金的损失将使用专项财务资源来弥补，不同来源的资金被使用的先后顺序叫作违约瀑布序列。保证金之后被使用的是违约会员的结算担保金，之后会使用中央对手方的一部分自有资金，再就是未违约会员的结算担保金，然后中央对手方可能会依据情况向未违约结算会员要求追加结算担保金。计算结算担保金一般假设未覆盖风险敞口[①]最大的一家或者两家结算会员会发生违约，因此，结算担保金数值最终由这一家或者两家结算会员的未覆盖风险敞口规模确定。

① 未覆盖风险敞口，是指压力测试计算出的损失超过初始保证金的部分（URR，Uncovered Residual Risk）。

使用压力测试确定结算担保金的追加上限也是中央对手方的通常做法。当违约事件耗尽了结算会员预先缴纳的结算担保金后，清算机构有权再向会员追加结算担保金①。计算过程类似计算结算担保金，唯一不同的是此时假设发生双重违约，即第一批会员违约造成市场上出现了更多违约。结算担保金的追加上限一般是未覆盖风险敞口的第三大和第四大结算会员的未覆盖风险敞口总额。

压力测试还可以用于计算风险准备金。风险准备金是中央对手方用自有资金设立的风险防范资源。风险准备金越多，说明该中央对手方越安全。如果中央对手方选择将部分风险准备金的使用优先级置于未违约结算会员的结算担保金之前，违约时动用未违约结算会员的结算担保金的概率就越小，但这可能造成结算会员放松风险防控。因此，中央对手方需要通过一个合理的方式设置风险准备金规模。压力测试结果可以成为估算风险准备金规模的重要参考，常见的做法是使用中型结算会员的未覆盖风险敞口作为风险准备金的数值。

八、金融衍生品压力场景构造方法

（一）利率类产品压力场景构造

利率产品的定价主要受利率曲线变动的影响，因此，在进行利率类衍生品的压力测试时，应当将收益率曲线上的每个关键期限点分别作为独立的风险因子。举例来说，1 年期国债收益率和 5 年期国债收益率应该作为两个风险因子来进行处理。在确定了风险因子后，通过三种方式构造场景：一是寻找一段历史区间内收益率曲线上每个关键期限点波动幅度最大值，以曾经发生的真实波动作为历史压力场景。二是考虑利率

① 欧美称为“Reassessment”，这种做法并不是让结算会员将耗尽的结算准备金补充回原有水平（欧美等地的清算所称结算担保金补充为“Replenishment”），而是根据市场压力情况向会员追加结算担保金。

曲线发生相同幅度的反向波动的可能，取历史场景里真实波动的相反数，以此构造虚拟压力场景。三是由于利率曲线的形状变动很难用个别关键点来衡量，为了丰富利率压力场景的覆盖面，可以对曲线的平移、凹凸、倾斜的方向和幅度分别作出综合假设，构建虚拟压力场景。

然而，这种使用利率曲线上关键期限点的历史波动幅度构造压力场景最大的问题是关键点的数量较多，在虚拟压力场景中穷举所有可能的关键点波动的组合十分困难，而且这些点之间的相关性无法处理。所以利率类产品的压力测试在使用历史压力场景、反向场景的同时加入去相关性压力场景是必要的。

为了剥离这些利率曲线上每个独立关键期限点波动之间的相关性，构造“去相关性压力场景”的主流做法是使用主成分分析法（Principal Component Analysis，简称 PCA）[①]，对利率曲线采取降维处理和去关性处理。以中国国债收益率曲线为例，PCA 的基本思想是，将国债收益率曲线 14 个关键期限[②]的波动作为向量，通过线性变换将引起利率曲线变化 14 个关键点的历史波动转化为 5 个独立变动方向。由于这 5 个方向是互相独立的，可以对这 5 个新的风险因子分别构建压力场景。这样 PCA 就可以有效简化风险因子，并且去除风险因子之间的相关性，给构建利率风险压力场景提供便利。

（二）权益类产品压力场景构造

权益指数产品（包括股指期货、股指期权、股指基差互换）的风险因子为股指远期价格，因此，基于股指远期价格曲线的压力场景构建，可以参考利率压力场景的设置方法——使用曲线上的每个关键期限的股指远期价格作为风险因子。但是，对我国股票指数衍生品来说，交

① Carol Alexander, September 2001, “Market Models: A guide to Financial Data Analysis”, ISMAL Centre.

② 中国外汇交易中心发布的国债收益率曲线包括 14 个标准期限点，分别是 0.083 年、0.25 年、0.5 年、0.75 年、1 年、2 年、3 年、5 年、7 年、10 年、15 年、20 年、30 年和 50 年。

易所挂牌的股指期货期限较短，难以精确构造整条远期价格曲线。具体来说，中国金融期货交易所上市的股指期货的合约月份只包含当月、下月及随后两个季月。对于没有对应期货合约的较远期限关键点，由于无法获得历史场景，可以通过虚拟压力场景来补充场景。

个股期货、个股期权等以特定股票为标的的衍生品的压力测试场景设计相对股票指数衍生品来说更复杂，因为对这些产品进行压力测试时，不能直接以综合性股票指数作为风险因子。综合性股票指数的波动幅度只能反映极端市场情况下市场的平均波动情况，但是个股的波动不一定和综合性指数一致。实际上，个股波动与市场整体波动不一致的例子非常常见。对于这种情况，交易所需要对标的股票进行分类，然后分组进行压力测试。具体来说，交易所应该将股票按照国家、产业和规模进行分组，然后通过将每组中与市场平均波动方向相反的重仓股剥离，单独设置压力场景来捕捉其特质风险，从而最终达到去相关性的目的。

第十节　担保品折扣率的量化管理

广义概念的担保品（Collateral）包括现金担保品与非现金担保品，两者均可作为保证金或结算担保金。狭义担保品仅指非现金担保品，比如债券和股票。对于大多数市场参与者来讲，担保品制度是一个复杂的概念，不仅涉及清算机构，还涉及担保品的存管机构。金融市场的担保品通常由法律允许的流动性良好的有价资产充当，包括现金、政府债券、公司债、商业票据、信用证、政府机构债券、股票、金属与大宗商品等。目前，交易所使用的担保品以现金与政府债券为主。

对交易所而言，担保品风险管理的核心在于担保品估值和确定担保品折扣率。担保品折扣率，是指在担保品市场价值的基础上设置一定折扣率，以折扣后的数值冲抵保证金或结算担保金。设置折扣率是风险控制行业防范担保品市场风险和流动性风险的通用做法。交易所行业普遍使用 VaR 方法和压力测试等量化手段设置保守且稳定的担保品折扣率，在提高资金使用效率的同时防范保证金错向风险（Margin Wrong - way Risk）[①] 和顺周期效应（Procyclicality）。

一、担保品折扣率的含义和作用

交易所要求结算会员缴纳担保品以覆盖结算会员违约的风险，担保品可以是清算合约的本币，也可以是本币之外的其他货币或者非现金资产。美国芝加哥商业交易所集团（CME Group）接受美元、欧元或美国国债作为担保品冲抵保证金和结算担保金。从担保品的质量上看，本币是最优质的担保品，因为如果使用合约本币之外的货币或者资产作为担保品，在违约处理时还需要把担保品变卖为本币。因为变卖需要时间，作为担保品的资产的市场价值在这段时间内可能会发生改变，面临市场风险和流动性风险，行业标准的做法是对担保品的市场价值设定一定的折价[②]。

折扣率用来确定担保品市场价值或者名义价值的多大比例可以充当保证金或者结算担保金。需要说明的是，我国交易所通常使用折扣率这一说法，这和境外表达该概念的方式稍有不同，境外所称的担保品扣减率（Haircut Rate）等于100%减去折扣率。比如欧美交易所表达对担保品进行折价时的说法是“美国超长期国债作为担保品的扣减率为2%”，我国交易所的表达为“美国长期国债的折扣率为98%”。两者的含义是

---

① 错向风险是指会员自身信用风险和担保品价值具有实质性相关性，当会员信用水平降低时，担保品的价格会下降，而保证金要求会提高，因此会员不得不补充更多的担保品。

② 境外使用担保品折价率这一概念，英文为“haircut”，中国人民银行翻译的《金融市场基础设施原则》中将“haircut”翻译为“垫头”，《期货交易所管理办法》使用了“折扣率”的说法，本书沿用该说法。

一致的，都代表如果某只美国20年期国债的市场价值为100万美元，只能冲抵98万美元的初始保证金要求。

二、境内外担保品折扣率设置实践

我国境内5家期货交易所都接受非现金担保品，根据5家交易所“2021年《金融市场基础设施原则》遵循评估报告”的披露，商品期货交易所的担保品范围包括标准仓单、记账式国债和美元，而中国金融期货交易所的担保品范围仅为记账式国债，具体接受的担保品范围和对应的折扣率见表3－23。

表3－23　　我国境内期货交易所的担保品类型和折扣比例

交易所	担保品类型	折扣比例
上海期货交易所①	• 标准仓单 • 中华人民共和国财政部在境内发行的记账式国债	80%
上海国际能源交易中心②	• 标准仓单 • 中华人民共和国财政部在境内发行的记账式国债 • 美元	• 标准仓单：80% • 国债：80% • 美元：95%
郑州商品交易所③	• 标准仓单 • 中华人民共和国财政部在境内发行的记账式国债 • 美元	• 标准仓单：80% • 国债：80% • 美元：95%

① 《上海期货交易所结算细则》（2021年11月26日版）“第六章　有价证券作为保证金”。

② 《上海国际能源交易中心基于CPSS－IOSCO〈金融市场基础设施原则〉的信息披露》，2021年12月，第26～28页。

③ 《郑州商品交易所基于CPSS－IOSCO〈金融市场基础设施原则〉信息披露（2021）》，2022年5月22日，第28页。

续表

交易所	担保品类型	折扣比例
大连商品交易所①	• 除鸡蛋、黄大豆 2 号品种外的标准仓单 • 中华人民共和国财政部在境内发行的记账式国债 • 美元	• 标准仓单：80% • 国债：80% • 美元：95%
中国金融期货交易所②	• 国债	市值的 80%

中国证监会监管下的 5 家交易所对国债设置的折扣率较为保守，均为 80%。国债作为高流动性、低信用风险的担保品，境外交易所行业对高等级国家国债设置的折扣率一般都不低于 90%，但境内期货交易所将国债折扣率设为 80% 有一定历史原因，实际是遵循了第三次修订前的《期货交易所管理办法》[③] 的相关规定，《期货交易所管理办法》中明文规定有价证券冲抵保证金的金额不能高于基准计算价值的 80%。虽然 2021 年第三次修订的《期货交易所管理办法》删除了担保品折扣率上限为 80% 的规定，但期货交易所并没有就此调整国债和标准仓单的折扣率。总体来说，境内期货交易所可以接受的担保品的范围较窄，并且折扣率设置得较为保守。

境外衍生品市场可接受的担保品范围较广，担保品折扣率管理也较为精细，会根据债券的发行主体和剩余期限设置不同程度的折扣率，比如美国国债根据到期期限的不同，作为担保品时的扣减率在 0.5% 至 12% 之间（见表 3 – 24），即折扣率在 88% 至 99.5% 之间。

① 《大连商品交易所基于 CPSS – IOSCO〈金融市场基础设施原则〉信息披露（2021）》，2022 年 4 月 25 日，第 27 页。

② 《中国金融期货交易所〈金融市场基础设施原则〉信息披露（2021）》，2022 年 5 月 27 日，第 19 ~ 20 页。

③ 第七十二条 有价证券充抵保证金的金额不得高于以下标准中的较低值：（一）有价证券基准计算价值的 80%；（二）会员在期货交易所专用结算账户中的实有货币资金的 4 倍。

表 3－24　　境外主要交易所的担保品类型和折扣比例

<table>
<tr><th>中央对手方</th><th>担保品类型</th><th>担保品扣减率</th></tr>
<tr><td rowspan="7">芝加哥商业
交易所（CME）</td><td>美元现金</td><td>0%</td></tr>
<tr><td>非美元现金（欧元、英镑、加元、澳元、日元、瑞士法郎）</td><td>5%</td></tr>
<tr><td>美国政府债</td><td>小于 1 年，市值的 0.5% ~1.00%
1 ~3 年，市值的 2%
3 ~5 年，市值的 3%
5 ~10 年，市值的 4.5%
10 ~30 年，市值的 6%</td></tr>
<tr><td>国债
（英国、德国、法国、加拿大、日本、瑞典）</td><td>5% ~10.5%（依债券到期时间而定）</td></tr>
<tr><td>美国机构抵押贷款证券（MBS）</td><td>11%</td></tr>
<tr><td>企业债券</td><td>20%</td></tr>
<tr><td>货币市场共同基金</td><td>3%</td></tr>
<tr><td rowspan="3">欧洲洲际交易所
（ICE Futures Europe）</td><td>美元</td><td>0%</td></tr>
<tr><td>英镑、加元、日元、欧元、澳元、瑞士法郎</td><td>6%</td></tr>
<tr><td>政府债</td><td><1 年，市值的 1.00%
1 ~5 年，市值的 2.75%
5 ~10 年，市值的 4.75%
10 ~20 年，市值的 9.00%
20 ~30 年，市值的 12.00%</td></tr>
<tr><td rowspan="3">纳斯达克－OMX
（NASDAQ OMX）①</td><td>现金（瑞典克朗、欧元、挪威克朗、丹麦克朗、英镑、美元）</td><td>7.5% *</td></tr>
<tr><td>各国 5 年期以下国债（丹麦、芬兰、德国、挪威、瑞典、英国）</td><td>5%</td></tr>
<tr><td>各国 5 年期至 10 年期国债（丹麦、芬兰、德国、挪威、瑞典）</td><td>7%</td></tr>
</table>

① 纳斯达克－OMX 集团（NASDAQ OMX）是美国纳斯达克证券交易所与瑞典 OMX 公司并购后的新集团，于 2007 年 5 月 25 日宣布成立。

续表

中央对手方	担保品类型	担保品扣减率
伦敦清算所（LCH）	国债（G7 成员国）	视剩余期限和国家而定： 3 天~1 年 0.13%~2% 1~3 年 1%~3.75% 3~7 年 1.63%~7.75% 7~11 年 2.25%~9.75% 11~30 年 3.75%~12.5% >30 年 3.75%~12.5%
	美国抵押贷款证券（MBS）	0~30 个月：12% 30 个月~60 个月：14.5%

* 表示当作为担保品的货币不是期货合约的结算货币时，适用担保品折扣率。

数据来源：作者根据各交易所官网整理。

不同类型担保品需要设置不同折扣率的原因是担保品的流动性和价格波动不同。一般来说，高流动性的担保品的折扣率较高，比如 CME 对 5 年至 10 年美国国债设置的折扣率为 95.5%（对应担保品扣减率为 4.5%），而对相同期限的英国国债设置的折扣率为 95%。低价格波动的担保品的折扣率较高，比如长期国债的市场波动较高，因此折扣率低于短期国债。

三、担保品折扣率的确定方法

对于交易所而言，设定折扣率需要在控制风险和节约参与者资金成本之间取得平衡，较低的折扣率提高了交易所清算业务的安全性，但增加了参与者的清算成本，使交易所在市场竞争中丧失了竞争力。确定担保品折扣率的常见做法是使用 VaR 和压力测试方法根据市场风险情况调整担保品的折扣率，但是从市场整体角度考虑，担保品折扣率频繁调整会带来负外部性，引发整个金融市场的顺周期效应。对于担保品的业务而言，顺周期性的典型例子是在市场出现压力情况时，资产价格波动变大，按照压力测试方法或是 VaR 方法，担保品的折扣率需要下调，担保品可以冲抵的保证金金额因此下降，结算会员需要补缴担保品，但是此时市场上通常稀缺高质量担保品，结算会员可能因此违约。因此，交易所在设定担保品折扣率时，也有必要考虑可能带来的顺周期性。

（一）基于 VaR 设定担保品折扣率

《金融市场基础设施原则》的原则五（抵押品[①]）中要求："抵押品的折扣率应该反映上一次抵押品估值至完成抵押品变现期间，资产价值和流动性的下降。抵押品折扣率的确定还要同时考虑压力的市场情况下的极端价格波动和流动性变化。"

担保品的折扣率需要反映一定时长内担保品价值的损失，所以和确定保证金水平的基本思路类似，可以使用 VaR 作为风险测度确定担保品的折扣率。

（二）基本计算思路

VaR 作为一种风险测度，可以用于衡量在一定置信度水平下，完成担保品变现期间内资产的可能损失。计算 VaR 需要获得各种资产损益的场景，设置担保品的折扣率是为了平衡违约时处理担保品可能出现的市场风险，折扣率测算时使用的场景一般同时包括采样区间内的常规历史场景和特别设定的真实或者虚拟的压力场景。

和使用 VaR 方法计算保证金类似，计算担保品折扣率同样需要考虑两个基本参数：平仓时长和置信度水平。在设置担保品的折扣率时，平仓时长是指交易所将担保品变现成本币的时长，担保品折扣率的意义是覆盖该段时间的损失。置信度水平是指担保品折扣率能够覆盖风险的概率。

---

① 中国人民银行支付结算司发布的《金融市场基础设施原则（PFMI）》中文版中将原则五中的"collateral"翻译成了"抵押品"。所以此处保留"抵押品"的说法。本书其他地方统一使用"担保品"的说法。

基于 VaR 方法计算折扣率主要考虑市场风险，对流动性风险和集中度风险考虑较少，因此交易所在 VaR 计算出的折扣率基础之上，还会进行调整，以覆盖流动性风险和集中度风险，比如违约会员持有市场上绝大部分份额的某类担保品，在变卖该类担保品时，因为持仓过于集中，市场流动性可能较低，所以必须以较高的折价才能将该担保品全部变卖。

（三）交易所如何选取折扣率设定参数

平仓时长和置信度水平的选取直接影响折扣率。如果计算时采用更长的平仓时长，则表示折扣率需要覆盖担保品在更长时间内的损失，折扣率数值也更低。同样，如果提高置信度水平，则说明折扣率要使担保品以更高的概率覆盖风险，因此，折扣率也随之降低。另一个影响 VaR 计算结果的参数是市场数据采样区间，不论是历史模拟法还是参数法，都需要使用历史市场数据，扩大历史数据的采样区间可以降低误差，但是却无法更好地体现当前的市场情况。

虽然平仓时长、置信度水平和采样区间对计算折扣率的影响较大，但是《金融市场基础设施原则》却没有严格限制参数选择，只是要求中央对手方应该采取保守的担保品折扣率。因此，交易所通常根据其风险承受能力选择参数，境外主要交易所采用的担保品折扣率计算假设如表 3－25 所示。

表 3－25　　境外中央对手方计算担保品折扣率使用的参数

中央对手方	置信度水平（%）	平仓时长	采样区间
伦敦清算所（LCH）	99.7	3 天	10 年
伦敦金属交易所（LME）	99.5	2 天	2 年 压力场景：10 年
新加坡交易所（SGX）	99.9	2 天	10 年
芝加哥商业交易所（CME）	99	1 天	1 年
欧洲期货交易所（Eurex）	99.9	5 天	未披露

数据来源：作者根据交易所官网整理。

在实践中，各家中央对手方对置信度的选择较为一致，都采用99%以上的置信度确定担保品折扣率，而对于平仓时长的选择则差异较大，需要根据当地法律要求并结合所在市场的流动性情况进行判断。比如即使同样在英国运营，伦敦清算所（LCH）和伦敦金属交易所（LME）采用的平仓时长假设也不同，LCH较为保守，使用3天作为平仓时长。

四、担保品折扣率的顺周期管理

顺周期这个概念经常在与宏观经济有关的研究中被提及，但“顺周期”在衍生品风控领域的含义不同于其在宏观经济研究中的含义，衍生品风控行业的顺周期，是指保证金等风险控制措施的变化和商业周期变化或者信用周期变化呈现正相关[①]。顺周期管理和保证金管理、担保品管理都密切相关，因此对交易所非常重要，行业从业人员必须关注。

（一）产生顺周期效应的原因

通常，中央对手方根据风险水平调整担保品折扣率的做法是效率的体现：当市场波动率小时，风险较低，应该提高担保品折扣率数值；而市场波动剧烈时，担保品的价格可能出现巨幅下跌，担保品折扣率数值应该下调，即减少担保品可以抵扣的保证金金额。但如果从市场整体考虑该问题，这种担保品折扣率的确定策略具有负外部性，因为市场参与者必须在市场缺乏流动性时寻找到高流动性的担保品。如果所有中央对手方都采用该种策略，就会强化市场的顺周期效应，引发系统性风险。

具体来讲，作为担保品的资产的价格一般和经济周期密切相关：当

① Andreas Schönenberger（European Central Bank），1 June 2011，“CCP risk management and procyclicality”，ECB – Money market contact group（MMCG）论坛演讲。

经济处于较好的周期时，如果提高担保品可以冲减保证金金额，即相当于市场参与者可以使用更高的杠杆参与交易，因此交易者可以购买更多的资产，进一步推高资产价格，此时市场的波动率可能维持在较低水平。因此，以波动率为输入参数的风险测度可能会计算出被扭曲的结果，导致对市场流动性风险和违约风险的低估。一般，金融危机的前期都是市场的高度繁荣扩张期。

当市场处于下行阶段时，一般市场波动率会显著升高，VaR 计算得到的担保品折扣率应该下调，担保品能够冲抵的保证金金额减少，会员因此需要补充更多担保品，此时交易所还可能限制担保品的类型（只接受更优质的担保品），高质量担保品供给出现短缺，而低质量的担保品则会被抛售，进一步拉低资产价格。在极端情况下，如果会员因无法及时提供足额的担保品而违约，交易所只能对其持仓和担保品进行拍卖变现处理，进一步加速资产价格逆向变动。

（二）顺周期效应防范措施

不恰当的担保品管理可能会产生上述顺周期效应，《金融市场基础设施原则》明确要求，作为中央对手方的交易所应该谨慎设置保守的担保品折扣率，以防范顺周期效应。各国央行也对中央对手方防范顺周期效应给出了建议。经过多年的实践，中央对手方清算行业对于防范顺周期一般有以下四种做法。

一是在担保品折扣率计算场景中加入历史极端市场场景。这种做法的意义在于可以避免担保品折扣率随经济情况变化频繁调整，因为使用 VaR 作为风险测度计算担保品折扣率时，如果包含了历史极端市场场景，那么通常情况下（除非出现新的极端场景）历史极端场景下产生的损失将会被选取作为最终的 VaR 结果。新加坡交易所（SGX）和澳大利亚证券交易所（ASX）均采用此种措施防范顺周期。

二是以高于实际的波动率水平设置担保品折扣率，确保折扣率相对稳定。芝加哥商业交易所（CME）采用此种做法[①]防范顺周期效应。和采用历史极端场景计算折扣率的做法类似，这种做法同样是试图保持担保品折扣率相对稳定，不随市场情况频繁调整。

三是采用较长的采样区间。交易所可以选择在计算抵押品折扣率时采用较长的采样区间，这样做的意义实际上是保证采样区间可以覆盖极端历史场景。但是需要注意的是，采用较长的采样区间和选取较短的采样区间时，在其中加入历史极端场景的效果并不一致：假设采样周期包含5000个场景，其中有两个市场是极端场景，在99.9%的置信度下，并不会挑选到这2个场景的损失，压力场景会被“稀释”。而如果采用较短的采样周期构造200个场景，在200个场景中增加2个市场极端场景，那么在99.9%的置信度水平下，这两个极端场景的损失会被选取为VaR的计算结果。

四是设置担保品折扣率上下限。为了防止在市场平静时期过度提高担保品折扣率，可以设置担保品折扣率的上限，限制担保品可以冲抵的保证金金额。欧洲期货交易所（Eurex）采取了该种做法。在实际中，这种做法的挑战在于如何设置折扣率的上限。

第十一节　交易所流动性风险精细化管理

流动性风险问题凸显已引起各国监管机构的高度重视，巴塞尔协议专门制定了针对流动性风险的新评估指标，《金融市场基础设施原则》原则七（流动性风险）也对中央对手方的流动性风险管理进行了规定。相较于金融市场对银行业流动性风险问题的关注，对承担中央对手方职责的交易所的流动性风险问题的关注仍显不足。虽然银行业的实践对交

① CME，2013，“CME Clearing：Principles for Financial Market Infrastructures Disclosure”.

易所有一定借鉴意义，但两者流动性风险的来源和特征不同，交易所流动性风险管理不能照搬银行的做法。

一、中央对手方的流动性风险

（一）从银行流动性风险管理到中央对手方流动性风险管理

流动性风险实际包含交易流动性风险（Transaction Liquidity Risk）和融资流动性风险（Funding Liquidity Risk），这两类流动性风险的来源不同。交易流动性风险是指金融交易无法在不影响市场价格的情况下被快速执行的风险。交易流动性风险可能来源于金融产品自身性质、交易规模等内在因素，也可能由市场特征等外部因素导致。而融资流动性风险是指在一段时间内不能立即履行支付义务的风险。传统银行的融资流动性风险主要源于资产负债表错配，例如长期贷款可能使用短期存款来提供，因此银行的融资流动性风险又被称为资产负债表风险。

《金融市场基础设施原则》将中央对手方的流动性风险定义为："中央对手方没有足够的资金来满足其预期的财务义务，尽管未来可能可以满足该项义务。"从该定义看，《金融市场基础设施原则》对金融市场基础设施流动性管理的要求偏向于融资流动性风险。出于两方面的原因，国际监管标准侧重于融资流动性风险：一是交易所不管是否承担中央对手方职责，实际上都并非市场交易的主动参与者。通过交易金融资产获利，不是交易所的主营业务，交易所仅在处理违约会员的担保品和持仓时才可能发生交易行为，并因此面临交易流动性风险，但融资流动性风险却和承担中央对手方职责的交易所的日常运营紧密相关。具体来说，会员提取多余保证金、会员和结算银行技术系统故障、会员违约等事件都会使中央对手方面临融资流动性风险。二是融资流动性风险的后果更加严重，并且融资流动性风险和信用风险管理紧密相关——流动性风险和信用风险会可能会相互影响，甚至引发系统性风险。当中央对手方的结算会员违约时，如果中央对手方不能及时完成对未违约会员的支付义务，未违约会员可能会因此出现金流缺口，无法向其交易对手方履行支付责任，造成市场风险的传染。市场甚至会把中央对手方不能及时支付作为一个重要的警示信号，由此质疑中央对手方的安全性和稳健性。当市场上只存在一家中央对手方时，中央对手方违约会进一步加剧市场恐慌。

虽然《金融市场基础设施原则》对流动性风险的定义并没有强调交易流动性风险，但是当中央对手方因结算会员违约而处置违约持仓和担保品时，交易流动性风险也不容忽视，场外衍生品市场该问题尤其严重。

（二）交易所流动性风险的来源

交易所信用风险管理的意义在于确保交易所在履行中央对手方职责时有足够的财务资源来弥补参与者违约导致的损失，而交易所流动性风险管理的意义在于确保这些财务资源具有足够的流动性，使中央对手方可以立即完成支付义务，因此，当交易所承担中央对手方职责时，其面临的流动性风险和对手方信用风险紧密相关。

概括而言，中央对手方的融资流动性风险主要有三个来源：一是会员提取多余现金；二是会员或结算银行技术系统故障；三是会员、结算银行、流动性提供者违约。中央对手方自身和监管机构通常都最关注违约导致的融资流动性风险事件，因为这类融资流动性风险事件可能会导致风险传染，并且此时融资流动性风险还可能触发交易流动性风险。融资流动性风险与会员、结算银行或流动性提供者本身的信用状况有关，但也受到市场整体信用状况和货币供给情况的影响。参与者的多元化身份会增加交易所流动性风险管理的复杂性，具体来说，一家金融机构可能同时具有结算会员、结算银行和流动性提供者三重身份，不同身份触发流动性风险的因素可能不同，比如当商业银行在其他市场发生违约或者信用评级下降时，即使该银行作为结算会员或者结算银行并没有出现违约，也可能不能继续作为流动性提供者来提供流动性了。

当交易所需要直接参与交易时就面临交易流动性风险，这种情况较为少见，但是也可能发生。如果发生了违约事件，交易所作为中央对手方，需要变卖违约会员的持仓和担保品，此时交易所就直接参与交易了，面临交易流动性风险。对于场内衍生品，市场流动性较好，交易所可以快速变卖违约持仓，违约处理面临的流动性风险相对较小，因此交易所管理交易流动性风险的需求远没有融资流动性风险重要。但当涉及场外衍生品，或者当违约持仓和担保品的集中度较高时，交易流动性风险不能被忽略。造成交易流动性风险的原因是寻找交易对手的成本，因此，与分析融资流动性风险不同，分析交易流动性风险需要考虑市场微观结构，比如市场买卖价差、交易行为对价格的反向作用以及交易滑点（Slippage）等因素。

二、流动性风险评估工具

交易所行业常用的流动性风险评估工具包括流动性调整在险价值（Liquidity - adjusted VaR，简称 LVaR）、在险现金流（Cash Flow at Risk，简称 CFaR）和压力测试等。

（一）交易流动性风险量化工具

LVaR 是对 VaR 计算结果进行流动性成本调整后得到的风险测度，示意性的公式见公式（3－28）：

$$LVaR = VaR + \text{流动性成本} \tag{3-28}$$

学术界有多种或简单或复杂的计算 LVaR 的模型，一般从买卖价差、交易行为对价格的反作用两个方面出发。两种比较常见的假设分别是假设买卖行为不影响价格和买卖行为会对价格造成影响。对流动性成本的估计并没有形成行业标准，但对于交易所而言，模型选取的基本原则是应该易于实施和便于市场参与者理解。

计算 LVaR 的关键是估算流动性成本，即估算买卖价差的分布。实证研究发现，买卖价差的条件分布呈现厚尾特征，使用我国股指期货 2015 年 4 月至 2016 年 12 月的买卖价差数据进行分析[①]，也发现上证 50 股指期货、沪深 300 股指期货和中证 500 股指期货的峰度（Kurtosis）[②]分别在 4、20 和 9 左右，都大于正态分布的峰度数值 3，即呈现厚尾特征。考虑到这个特征，交易所在估算流动性风险时可以构造价格和买卖价差的联合分布，也可以分别构造价格和买卖价差的边缘分布函数。构造买卖价差的边缘分布可以使用参数法[③]，比如假设买卖价差服从指数分布，也可以使用历史模拟法等非参数法。当担保品或者持仓相对市场规模足够小，那么可以认为在处置担保品或处置违约持仓时，市场价格不受处置行为的影响，价格的分布和买卖价差的分布是相互独立的，可以分别构造分布函数。

以我国境内市场交易的股指期货数据为例，解释如何基于该指标评价中央对手方在违约处理时的交易流动性风险。使用 2016 年 5 月至 12 月股指期货日终买卖价差数据进行估算，假设处理违约持仓不对市场价格产生影响，并使用历史模拟法构造买卖价差的边缘分布函数，计算得到沪深 300 股指期货、上证 50 股指期货和中证 500 股指期货的$\frac{LVaR}{VaR}$比值均维持在 1.1 以下，沪深 300 股指期货的$\frac{LVaR}{VaR}$比值相对较高，但最高也仅在 1.075 左右，说明对于股指期货，交易流动性风险的影响明显低于对手方信用风险的影响。这个结论不难理解，因为股指期货是场内衍生品，流动性较好，此时交易所可以忽略违约处理时的交易流动性风险。如果评估显示交易流动性风险的影响不可忽略，交易所则需要考虑对初始保证金增加流动性风险调整项，或是重新评估计算保证金使用的

① 使用日终买卖价差报价进行计算，采样周期为 250 个交易日。

② 峰度反映分布峰部的尖度。

③ 参数法是指假设买卖价差的边缘分布函数服从特定概率分布，常用的概率分布包括正态分布、指数分布等。

平仓时长假设。

（二）融资流动性风险评估工具

融资流动性风险的评估工具一般分为两类：一类跟踪可用流动性资源规模并预测未来一段时间的现金流支出；另一类设定比值，确保流动性资源相对流动性支出维持在可接受的范围内。

1. 在险现金流

CFaR 是管理融资流动性风险的风险测度之一，用于评估一定时间内和现金流支出有关的风险。和 VaR 的概念类似，CFaR 是指一段时间内一定置信程度下的最大可能的现金流支出。CFaR 和 VaR 常被市场参与者同时使用，一个完全对冲的投资组合的 VaR 值可能为 0，但是由于逐日盯市要求，CFaR 值可能很高。

CFaR 也可用于估算中央对手方的流动性资源需求，该数值和通过 VaR 计算的结果并不相同。两者计算一般使用不同的时长假设。决定保证金平仓时长参数时，主要考虑中央对手方可以完成违约持仓处理的时间，但是估计融资风险时，根据持仓盈亏的支付频率，一般使用一天的 CFaR。这是因为保证金的作用是确保中央对手方在完成违约处理后有足够的资源弥补损失，而持仓流动性风险管理则要确保中央对手方可以满足合约生命周期中某特定时点的现金流需求。使用一个简化的例子进行说明，假设一家结算会员发生了违约，交易所在两个工作日内完成了违约处理，违约会员的持仓第一天损失了 100 元，第二天盈利了 100 元，那么违约处理导致的最终损失为 0 元，但是交易所在第一天面临的现金流支出要求为 100 元。

2. 流动性压力测试

流动性压力测试是《金融市场基础设施原则》中明确要求的流动性风险管理工具。除了融资流动性风险外，流动性压力测试也可以被用于评估交易流动性风险，比如测试压力情境下中央对手方变卖违约会员担保品和持仓的流动性成本，但压力测试在评估融资流动性风险方面的应用最为常见，尤其是经常用于确定流动性财务资源规模。

信用风险压力测试用于计算极端但可能情况下应对会员违约需要的财务资源，目标是覆盖一定时间段内的可能损失，比如交易所针对场外衍生品集中清算的信用风险压力测试目标是覆盖未来5个交易日的可能损失，但流动性资源需要覆盖的是某特定时间点的损失，比如日终结算的资金需求。因此，在使用流动性压力测试确定流动性资源缺口时，需要对比的是某时点的支付义务和该时点交易所可用的流动性资源，而不是某时间段内的损失和交易所所有的财务资源，这使流动性压力测试和信用风险压力测试有显著的不同。

不论是何种压力测试，其重点在于构造极端但可能的场景。在场景构造方面，流动性压力测试选取的是出现流动性短缺的真实历史场景和虚拟场景，按照风险的不同来源，需要构造三类流动性风险压力场景。

第一类是会员提取现金。会员可能会突然大量提取其保证金账户内的多余资金。压力测试需要考虑保证金账户里多余资金最多的两家会员突然提取资金导致的流动性风险。

第二类是会员、结算银行技术系统故障。会员或结算银行可能因为技术系统故障而暂时无法及时补充资金，此时作为中央对手方的交易所需要流动性资源以履行支付义务，因此压力场景中还需要包括现金流入最大的两家会员和结算银行发生系统故障的情景。

第三类是会员、结算银行违约。用于流动性压力测试的违约场景和信用风险压力测试使用的场景可能重合，因为流动性压力和对手方违约的压力紧密相关，存在同时发生的可能。比如市场资金紧张，会员无法向交易所补充保证金的情况和证券市场大幅下跌，会员持仓出现大幅亏损，市场对手方信用风险加剧的情况可能是同一个压力场景。

（三）银行流动性指标对交易所的适用

传统银行业的流动性风险管理是资产负债表管理的一部分，更关注于融资流动性风险的管理。巴塞尔委员会增加了流动性覆盖率（Liquidity Coverage Ratio）和净稳定资金比率（Net Stable Funding Ratio）两个流动性指标，这两个指标都属于融资流动性风险管理指标，对交易所的流动性管理也有一定参考意义。

流动性覆盖率，是指合格流动性资源与压力场景下未来30日净资金支出之比。该比率不应低于100%，即高流动性资源至少应该覆盖压力情况下的30天的净资金支出。巴塞尔委员会选取30天作为计算净资金支出的时长，主要原因是认为30天的周期足够监管机构和银行管理层采取相关风险应对措施，或者足够银行完成有序关闭工作。该指标同样可以用于交易所的流动风险管理，可以作为流动性压力测试的补充，因为流动性压力测试主要被用于计算压力情况下会员和结算银行导致的流动性需求，但不包含和交易所运营相关的其他流动性需求，比如人力资源支出和房租支出。流动性覆盖率指标的覆盖面则更广，包含压力情况下的所有现金支出。

另一个巴塞尔Ⅲ指标是净稳定资金，其公式见公式（3－29）。

$$\text{净稳定资金} = \frac{\text{银行可用稳定资金}}{\text{业务需要的稳定资金}} \tag{3-29}$$

该指标是银行可用的各项稳定资金来源与银行发展资产负债表内和表外各项业务需要的稳定资金之比。巴塞尔委员会设立该比例的目的是约束银行的业务融资行为，防止资产负债期限错配。期限错配并不是交易所主要流动性风险的来源，因此该指标对交易所的借鉴意义较小。

三、流动性风险缓释手段

设置流动性财务资源来抵御流动性风险是最有效和最常见的流动性风险应对手段，但除此之外，前文提到过的持仓限额、担保品集中度限制、设置担保品折扣率和流动性提供者安排等措施也可以有效降低流动性风险。

（一）流动性财务资源

压力测试等流动性风险测算工具的作用是确定流动性资源规模，而流动性资源是最重要的流动性风险缓释手段。合格的流动性财务资源必须有较高的信用水平以及高流动性，包括现金、高信用等级国家的货币和国债、高信用等级的银行的信用额度和回购协议[①]等。

（二）流动性提供者安排

流动性提供者安排是缓释融资流动性风险的手段之一。本质上，流动性提供者安排是流动性财务资源的一部分，流动性提供者是一类泛称，其职责是在交易所需要时为交易所提供流动性资源。发生违约时，违约会员的担保品可能全部都是有价证券，无法在短时间内变现，或者中央对手方已有的全部流动性资源已经不足以完成支付，那么流动性提供者可以暂时向中央对手方提供现金。流动性提供者可以是商业银行，一些国家和地区的系统重要性中央对手方还使用央行作为流动性提供者。流动性提供者可能以多种形式实现。比如交易所可以预先和银行签订信用额度协议，在发生市场压力情况时，交易所不需要缴纳任何担保品就可以获得流动性。另一种做法类似回购协议，即在交易所需要现金时，将其拥有的国债等非现金资产质押给银行，从而获得现金。

（三）持仓限额和担保品集中度限制

设置持仓限额和进行担保品集中度限制可以降低交易流动性风险。这两种措施的主要目的类似，都是限制集中度，因为当持仓或者担保品集中于少数市场参与者时，买卖行为很难在不影响市场的情况下进行。

---

① 即发生流动性短缺时，银行承诺和交易所进行回购交易，交易所提供资产给银行以获得流动性，并在适当时候回购资产。

（四）担保品折扣率

前文已经针对担保品如何设置折扣率进行了详细讨论，设置折扣率有两方面作用：一方面，折扣率的存在是为了覆盖担保品处置期内的市场风险；另一方面，可以在担保品折扣率中包含流动性成本，以降低交易流动性风险的影响。担保品价值折扣一般通过压力测试和 LVaR 方法确定。

四、交易所如何建立流动性风险管理框架

国内的交易所逐渐开始接受国债、美元、标准仓单作为保证金，但人民币现金依然是国内担保品的主流。结算会员和结算银行违约的问题在我国并不突显，因此流动性风险在我国交易所行业暂不显著。流动性风险虽然暂时没有成为困扰我国衍生品市场的主要因素，但是建立有效并符合国际标准的流动性风险管理框架将会成为衍生品行业创新发展的坚实基础。交易者在选择交易所时，也应该避开那些流动性风险管理框架不健全的交易所。交易所在建立流动性风险管理框架时，需要在以下方面予以关注。

（一）全局性的流动性风险管理

除了由于会员违约、结算银行违约而出现的流动性短缺，交易所日常运营中面临的人力资源成本、设备成本和诉讼成本等也会导致流动性风险，因此全局性跨部门的流动性风险管理框架非常必要。交易所在作出重大投资、运营决策前，必须首先检验这些决策对流动性风险管理的影响，将控制流动性风险置于高优先级，以确保自身的运营安全以及所服务的金融市场的稳定。

（二）流动性资源管理

充足的财务资源是抵御对手方信用风险和流动性风险最有效的手段，其他风险缓释方法都无法替代财务资源，因此，交易所在一定程度上必须是资金冗余机构，并且为了满足流动性要求，交易所对财务资源的投资应仅限于高流动性、低市场风险的产品，比如隔夜回购。

当交易所以服务公众为目的时，财务资源安全性和营利性的冲突并不显著，但是当交易所为上市公司时，股东对资本回报率的追求和监管机构对交易所安全性的需求就形成了行业悖论。该问题在欧洲衍生品行业较为突出，欧洲的主要大型交易所集团均是上市公司，比如伦敦清算所的母公司伦敦交易所集团是上市公司，Eurex 的母公司德意志交易所集团也是上市公司。在 2022 年全球央行进入加息周期以前，欧洲市场的量化宽松政策导致了长期的低利率甚至负利率环境，回购市场一直维持较低的收益率。在这种情况下，中央对手方对流动性财务资源的管理并不能满足股东对资本回报率的要求。

（三）建立流动性提供者安排

建立流动性提供者安排很有必要，尤其当非现金担保品的使用更普遍时。如果结算会员违约，交易所的第一步是变卖违约会员的担保品以完成日终的资金支付，如果存在流动性提供者安排，一方面可以及时为交易所提供现金以完成支付，另一方面可以降低因为交易所急于对担保品变现而对市场价格造成的负面影响。

（四）央行的流动性担保

虽然使用流动性提供者已是交易所行业惯例，但是业界对商业银行在危机时提供流动性的能力存在质疑，因此系统重要的金融市场基础设施通常以央行作为流动性提供者。业界对央行作为流动性提供者的争议主要在于“大而不能倒”问题，认为央行为私有化的中央对手方提供流动性相当于纳税人为金融市场的风险行为买单，并且央行的担保可能成为中央对手方追求收益枉顾风险的动机。

（五）保证金模型中的流动性风险考量

流动性因素也关乎保证金模型的可靠性。必要时，交易所的保证金模型也应该考虑交易流动性风险，常规做法是在 VaR 或者 ES 计算结果的基础上加入流动性成本增量。一个简单且直接的做法是对保证金计算结果乘以固定的比例系数，并定期根据市场情况对比例系数进行调整。例如，根据 2016 年 5 月至 12 月的沪深 300 股指期货的买卖价差情况测算，在不考虑交易行为本身对市场的反作用的情况下，经流动性成本调整后的 LVaR 约为不做调整的 VaR 的 1.035 倍至 1.075 倍，因此，流动性调整比例系数可以为 1.1。另外，还可以考虑持仓规模对市场价格的影响，对不同规模的持仓适用不同的比例系数，随持仓规模的增长提高比例系数。

第四章

区块链技术给交易所行业带来的挑战

交易所行业处在不断的变革中，信息技术对现代交易所行业的影响最大。区块链等新技术不仅给交易所带来了比特币衍生品等产品创新的机会，其技术应用也对交易所和金融市场基础设施的传统运行模式形成了挑战，使行业参与者重新思考交易所和金融市场基础设施的未来。

证券的中央存管是 20 世纪重要的金融市场基础设施创新。中央证券存管系统（Central Securities Depository，简称 CSD）的存在使证券的清算和结算更加安全并且更有效率，避免了市场参与者频繁交换纸质凭证造成的风险和效率低下。现代金融市场基础设施是建立在中心化基础之上的，证券的中央存管只是其中一个示例。

中心化的优点显而易见，但是在金融市场跨境交易非常频繁的当前，区域性的“中心”在多币种结算和跨境结算方面的局限性也越来越明显。因此，区块链（Blockchain）技术所代表的去中心化数据库体系是否会给金融市场带来一场技术革命，金融市场的清算、结算、交易报告等交易后处理是否不再需要依靠金融市场基础设施，市场参与者是否可以完全依靠区块链技术等问题值得深思。

第一节　区块链技术的概念

根据比特币之父中本聪[1]的定义，区块链是一个基于比特币协议的无须许可的分布式数据库[2]，数据库内的交易记录可以无限增加，但不能被篡改。区块链本质上是一种分布式账簿（Distributed Ledger），可以分为公共区块链（Public Blockchain）和私有区块链（Private Blockchain）。公共区块链具有无须许可（Permissionless）的属性，任何人都可以对公共账簿进行维护。与之相对的私有区块链是需许可（Permissioned）的分布式数据库，只有在白名单上的参与者才可以增加数据库上的记录，管理人可以对参与人进行控制。因此，金融机构在应用分布式账簿技术时普遍采用私有区块链，而比特币技术则是公共区块链最著名的应用。

之所以将这种分布式账簿称为区块链，主要是因为该分布式账户采取了分块记录的方式：把某时间段内的所有交易打包在一个区块（Block）内，并盖上相应的时间戳，由于这些区块按照时间顺序新增，新的区块不断被加入到原来的区块上，就形成了“链”状结构。用通俗的语言讲，区块链是一个由所有参与人共同维护的账本，这种分布式账簿与传统中央账簿的区别可以通过图 4－1 进行解释。

金融市场之所以对区块链技术表现出浓厚的兴趣，主要是因为区块链对一个存在已久的问题提出了新的解决思路。不论是金融市场交易还是其他实体经济中的交易，需要解决的问题是——如何在一个参与者互相并不信任的体系内，建立并维持准确的交易记录。传统金融市场基础设施和区块链技术代表了对该问题的两种解决方案。

---

① Satoshi Nakamoto，2008，“Bitcoin：A Peer－to－Peer Electronic Cash System”.

② A block chain or blockchain is a permissionless distributed database based on the bitcoin protocol.

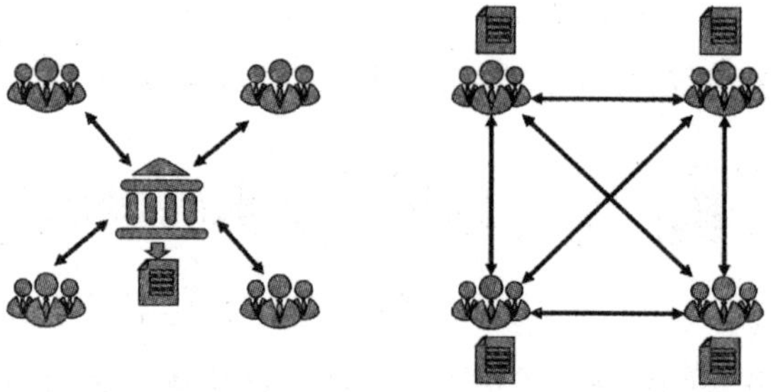

图 4-1　分布式账簿和传统中央账簿的对比

传统金融市场基础设施的建设基于中心化思想，即建立可以受全市场信任的第三方，比如中央对手方和中央证券存管系统，由这个受信任的第三方负责记账。区块链技术采取的措施是去中心化，所有参与者都保有全部记录，对于一笔新增的交易，一旦被确认并打上时间戳，则不能再被篡改。这两种方法都可以保证记录的准确和安全，但是基于完全不同的市场结构。

第二节　区块链技术对金融市场基础设施的革新

去中心化是对传统金融市场基础设施理念的重大挑战。长久以来，金融市场基础设施一直充当公立的第三方，为金融市场的交易提供清算、结算和交易信息记录的工作。然而，区块链技术使金融市场的交易记录不再依赖于第三方，传统的金融市场基础设施的功能可以被区块链技术复制。

一个典型的例子是区块链可以记录债券的权属信息，债券的存管不再需要中央证券存管系统：即使没有公立的第三方记录，区块链使用者可以相信区块链对证券交易的记录。使用区块链技术不仅可以降低交易后处理的成本，而且提升了市场透明度，监管者可以通过区块链提供的公开账簿获得市场交易信息，而不再需要交易报告库（Trade Repository，简称 TR）提供数据。同时，市场参与者在完成交易后也不再需要额外向交易报告库报告。

多家交易所集团已经在检验区块链技术在现货交易领域的应用，NASDAQ OMX 集团已经建立了一个基于区块链技术的交易平台[①]，用于交易非上市公司的股票。但除了应用于交易，区块链技术作为数据库技术在交易后处理领域蕴含着更大的潜力。区块链在证券存管、交收、交易数据报告、场外衍生品双边清算等领域都存在应用空间。

一、证券存管和交收

股票和债券现货执行中央登记存管制度，即对于发行的债券和股票，CSD 是统一登记保管机构，负责记录市场内已发行证券的持有者和流转的情况，而证券结算系统（Securities Settlement System，简称 SSS）负责实际执行证券与资金的划转。传统金融市场基础设施支持下的证券存管和交收流程如图 4－2 所示。

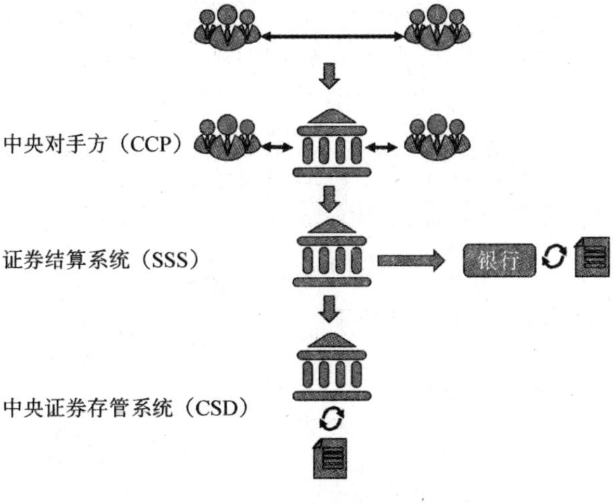

图 4－2　使用传统金融市场基础设施的证券清算与结算

① NASDAQ OMX 建立了 Linq 平台用于交易非上市公司的股票。

证券交易达成后中央对手方（CCP）介入原始交易双方，承担证券和资金划转完成前的对手方信用风险，完成交易的清算；证券结算系统根据中央对手方的清算结果完成证券资金划转，最后中央证券存管系统将对流通证券的归属流转情况进行记录。

理论上，区块链技术可以同时替代中央对手方、证券结算系统和中央证券存管系统三者在证券交易后处理业务上的作用：证券不再需要中央存管，而是通过公共账簿记录。市场参与者完成交易后，公共账簿实时进行资金和证券的划转，交易达成和完成交收之间几乎没有时间间隔，因此不需要中央对手方承担信用风险。证券的存管和交收流程可以简化为图 4 – 3 的情形。

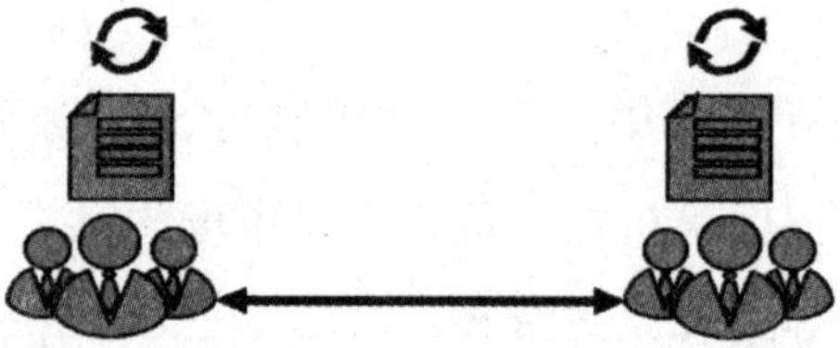

图 4 – 3　基于区块链技术的证券结算

二、交易报告

交易报告是因场外衍生品发展壮大而出现的新型监管需求。交易报告库集中收集市场参与者提交的交易信息，为监管者和其他利益相关者提供市场整体的风险信息，提高市场透明度。

在传统金融市场的技术框架下，建立一个或者多个交易报告库，是实现市场信息汇总的唯一方式，但是区块链技术可以通过另一种方式实现市场透明度需求——区块链技术建立了一个公共账簿，市场监管者可以通过该账簿获得全市场的交易信息，不仅可以获得当前的持有者信息，而且可以获得历史交易的信息。

三、非集中清算场外衍生品的交易后处理

区块链技术可以在交易对账和担保品管理等方面提高场外衍生品的交易后处理效率。按照欧美相关法规的要求，欧盟和美国的金融机构需要对其场外衍生品交易和交易对手定期进行交易对账（Reconciliation）。所谓的交易对账，就是双方或者多方对衍生品交易的核心条款和市场价值等进行比对，确保信息一致。传统的交易对账方式涉及交易双方间多次的数据交换，但是在区块链技术的框架下，由于双方持有一份相同的分布式账户，交易对账的流程更简单，成本也更低。

区块链技术对场外衍生品的另一项应用在于担保品管理。对于双边清算的场外衍生品，传统的担保品管理流程如图 4-4 所示。该过程涉及交易双方、交易双方的托管银行等多方的互动，多方之间需要不断进行对账以确保担保品的种类和价值一致，因此，担保品管理的效率较低，速度也较慢。

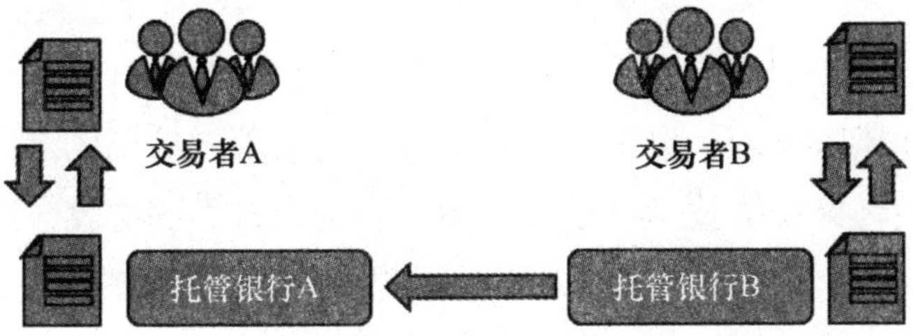

图 4-4　传统场外衍生品交换担保品流程

区块链技术可以实现担保品的实时流转，提高了交易者的担保品使用效率，而且由于交易双方和托管银行共同维护一个公共账户，也避免了原来必须进行的托管银行和交易者之间的频繁对账。

第三节　区块链技术对清算业务的局限性

区块链最大的革新在于改变了金融市场交易后处理的基本原则——整个金融市场从信任金融市场基础设施改为信任技术本身，即实现安全的资产托管和划转不再只能依靠金融市场基础设施，市场参与者可以信任区块链技术支持的资产记录和资产划转。但如同金融市场基础设施的系统可能遭受攻击一样，区块链本身也不是百分之百安全的技术，分布式账簿同样存在被人篡改的可能。除技术本身的安全性外，利用区块链技术可以以较低成本实现中央对手方、中央证券存管系统和交易报告库等金融市场基础设施的部分功能，但是依然存在重大的局限性，使它不能完全取代金融市场基础设施。

一、区块链技术本身不能消除衍生品的对手方信用风险

区块链技术的实质在于记录交易的所有权以及所有权的转移，该技术并不关注风险管理，也不能消除衍生品的对手方信用风险。在现货清算领域，因为区块链技术可以实时完成现货和资金的交收，所以现货交收期间的对手方信用风险很小，中央对手方在现货清算业务上的风险控制职能可以通过区块链技术得到免除。但是衍生品作为有期限的合约，风险管理要覆盖衍生品的整个存续期，存续期越长，信用风险敞口越大，区块链技术的实时结算属性不能消除，也不能降低存续期内的衍生品的信用风险敞口。

二、区块链技术不能实现违约处理等复杂的业务逻辑

中央对手方的职责中涉及多项逻辑复杂的业务，利用区块链技术可以提高这些业务的效率，但是中央对手方作为公立第三方的作用不能被该技术完全替代。一个典型的例子是中央对手方的违约处置流程。典型的违约处置流程主要包括为违约会员的未违约客户办理移仓，对违约会员的持仓进行拍卖，拍卖结束后进行违约损失的分配等。移仓和违约持仓拍卖因为需要未违约结算会员的参与，涉及大量的协调工作，因此，仅靠区块链技术本身并配合预先设定的程序无法保证交易的完成，依然需要一个公立的第三方作为组织者。

三、区块链技术的实时结算可能会降低资金效率

区块链技术采用实时逐笔清算模式，对现货清算而言，实时的资金和证券划转大幅降低了对手方信用风险，使现货中央对手方的存在变得不再必要，但是这种实时逐笔清算不允许交易间的轧差，可能反而会降低交易者的资金使用效率。

传统采用日终担保净额结算的现货清算模式在日终对交易者当日的所有交易进行轧差。根据轧差后的净头寸进行结算，假设金融机构的客户在上午买入一笔股票，在下午又卖出相同份数的股票，那么如果采用区块链技术，该金融机构必须在上午准备足额的买入股票的资金。但是如果采用传统中央对手方的净额结算，则只需要在日终准备买入和卖出股票的净额。在传统的中心化的清算业务模式下，虽然市场参与者需要承担使用中央对手方进行结算的结算担保金成本和手续费成本，但可以以净额方式提高日内的资金使用效率。相反，使用区块链技术进行实时证券交收后，交收效率得到了提高，但是市场参与者就不再能利用净额结算方式充分利用其日内资金。

第四节　金融市场基础设施应用区块链技术

区块链技术不仅是金融市场技术领域的创新，其所代表的去中心化业务模式也将会给基于中心化策略建立的传统金融市场基础设施的商业模式带来创新启示。图 4－5 显示了分布式系统理念和传统中心化系统理念的区别。

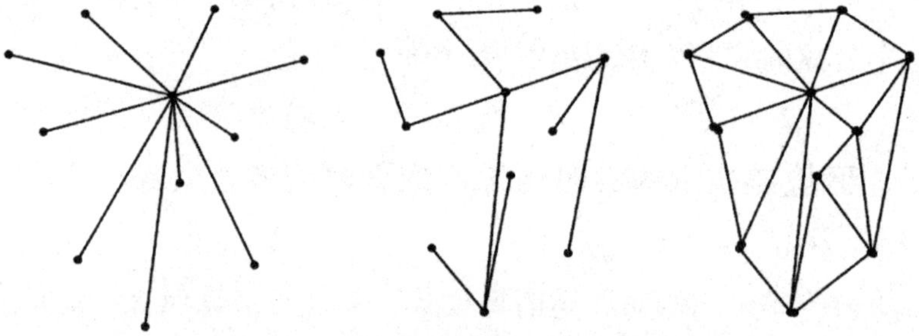

图 4－5　中心化系统和分布式系统的对比①

正如数码技术使胶片逐渐退出历史舞台一样，区块链技术可能会使一些金融市场基础设施丧失存在的必要，但是也可以为金融市场基础设施提供新的机会，并提高其现有业务的效率。因此，境外大型交易所集团都开始对区块链技术项目进行资金投入，提早进行商业布局。

一、改变商业模式转化为纯粹的规则制定者

当前的金融市场基础设施都在一定程度上承担着金融市场数据管理

---

① Tim Swanson, 2015, "Consensus－as－a－service: a brief report on the emergence of permissioned, distributed ledger systems."

者的职能。比如中央对手方作为市场公立的第三方维护着衍生品市场的持仓信息和担保品信息。而在区块链技术框架下，持仓信息和担保品信息可以通过公共账簿记录并由全市场维护，金融市场基础设施可以成为单纯的规则和业务逻辑制定者。比如对衍生品每日盈亏的计算和初始保证金的交收，清算所只需要制定计算原则并通过程序实现其计算逻辑，盈亏和初始保证金的记录和划转则完全可以通过区块链技术实现。这种商业模式的转变可以大幅降低中央对手方维护技术基础设施的成本。

二、利用区块链的实时结算属性提高结算效率

从事清算和交收业务的金融市场基础设施可以充分利用区块链技术实时结算的属性，提高其资金结算的效率。比如清算所可以和结算银行利用区块链技术建立资金结算体系，实现结算资金的实时划转。

三、实现金融市场基础设施间的业务连接

金融市场是一个有机整体，金融市场基础设施之间可能因为业务而建立连接，典型的事例是交易所之间建立的清算连接：对相同金融机构在不同交易所的持仓以风险净额计算保证金，降低市场参与成本。在当前业务模式下，由于交易所并不共用数据库，系统间连接只能通过多次数据交互实现，缺乏实时性。金融市场基础设施之间可以考虑使用区块链技术，建立一个如图4－6所示的全市场金融市场基础设施的公共账簿，这样两家交易所在进行清算连接业务时，其互换担保品的过程会更有效率，现货交易所也可以和衍生品交易所共享市场数据，实现跨市场的风险管理。

区块链所代表的分布式账户技术本身还处于不断革新与完善之中，其应用也将随着技术本身的发展而获得更广泛的探索和更深层次的实践。但不能否认的是，分布式账户技术的构架和理念对建设金融市场基

础设施有重要影响，该技术将更好地服务金融市场，实现市场对交易的便利性、实时性和安全性的要求。

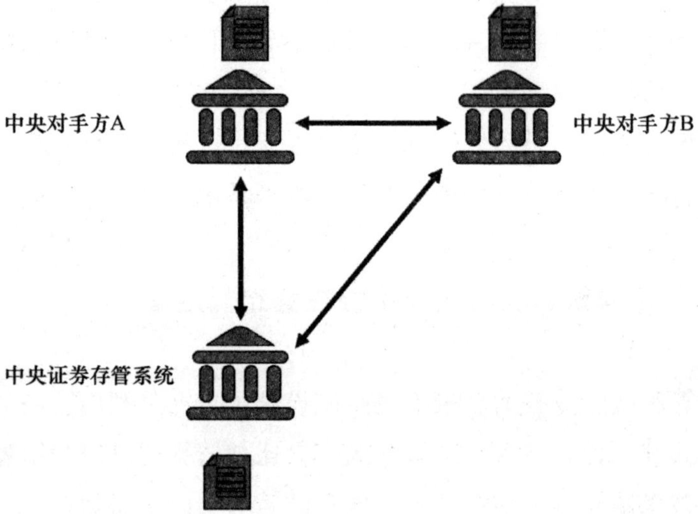

图4-6 区块链技术应用于金融市场基础设施之间的业务连接